Trainings- & Regenerationsmonitoring im Ausdauersport

Trainings- & Regenerationsmonitoring im Ausdauersport

Analyse und Steuerung der sportlichen Leistung

Stefan Schurr

Bibliografische Information der Deutschen Nationalbibliothek:
Die Deutsche Nationalbibliothek verzeichnet diese Publikation
in der Deutschen Nationalbibliografie; detaillierte bibliografische
Daten sind im Internet über www.dnb.de abrufbar.

Copyright Stefan Schurr – Winterbach 2018

Herstellung und Verlag:

Books on Demand GmbH, Norderstedt

ISBN-13: 978-3-7481-8446-1

Inhaltsverzeichnis

Vorwort

In den letzten Jahren haben sich die Möglichkeiten der digitalen Datenerfassung und -analyse im Sport immer weiter entwickelt und stellen heutzutage einen integralen Anteil an der Trainingsplanung und Wettkampfvorbereitung von Athleten dar.

Sowohl Hard- als auch Software zur Datenerfassung und Trainingsdokumentation haben sich weiterentwickelt und bieten zahlreiche Möglichkeiten der Protokollierung, Analyse und Steuerung von Training und Wettkampf.

Über Dokumentation von Trainingsstress, sowie akuter und chronischer Trainingsbelastung, können Regenerationsphasen gezielt in den Trainingsprozess integriert werden. Die Effektivität des Trainings wird gesteigert.

Über Erfassung und Auswertung von Parametern zum Ermüdungs-, beziehungsweise Regenerationsstatus, können Fehl- und Überlastungen erkannt werden. So besteht die Möglichkeit, gezielt in den Trainingsprozess einzugreifen und die Gefahr von Verletzungen, Krankheit und Übertraining zu minimieren. Damit ist eine sehr gezielte Wettkampfvorbereitung möglich, die es dem Athleten ermöglicht, seine bestmögliche Performance am Wettkampftag abzurufen.

Diese Buch gibt einen Überblick über die Möglichkeiten der Datenerfassung und -auswertung im Ausdauersport. Der Schwerpunkt liegt auf der Steigerung der Trainingseffizienz und optimalen Vorbereitung auf Wettkämpfe durch eine gezielte Steuerung der Trainingsbelastung.

Einleitung

Die systematische Erfassung der physischen und psychischen Belastung eines Athleten hilft bei der Planung und Umsetzung des Trainings.

Dabei geht es vor allem um die Quantifizierung von Parametern, die sowohl mit dem Training als auch der persönlichen Lebenssituation des Athleten zu tun haben. Denn letztendlich ist es nicht ausschließlich die Trainingsbelastung, die Auswirkung auf die Performance des Athleten hat, auch Einflüsse außerhalb der physischen Beanspruchung haben ihren Anteil. Vor allem im Hochleistungssport haben sowohl sportliche als auch nicht-sportliche Anforderungen ein Ausmaß erreicht, die eine weitere Steigerung der Leistungsfähigkeit ausschließlich über den Trainingsprozess erschweren.

Die Regeneration zwischen Trainingseinheiten und Wettkämpfen bekommt eine wichtige und tragende Rolle.

Für die Optimierung von Training und Regeneration werden unterschiedlichste Daten erfasst. Für den Praktiker besteht die Herausforderung unter anderem darin, dass die Daten nicht nur um der Daten willen gesammelt werden. Sie sollten anschließend auch ausgewertet werden und in die Optimierung des Trainingsprozesses einfließen! Um effektiv zu arbeiten, sollten sich Trainer und Athlet daher immer fragen, welche Daten für ihre Bedürfnisse auch wirklich benötigt werden!

Letztendlich geht es darum, dass der Athlet am Wettkampftag die optimale Leistung abrufen kann! Somit ist dies auch die grundlegende Zielsetzung jeglicher Datenerfassung und -auswertung.

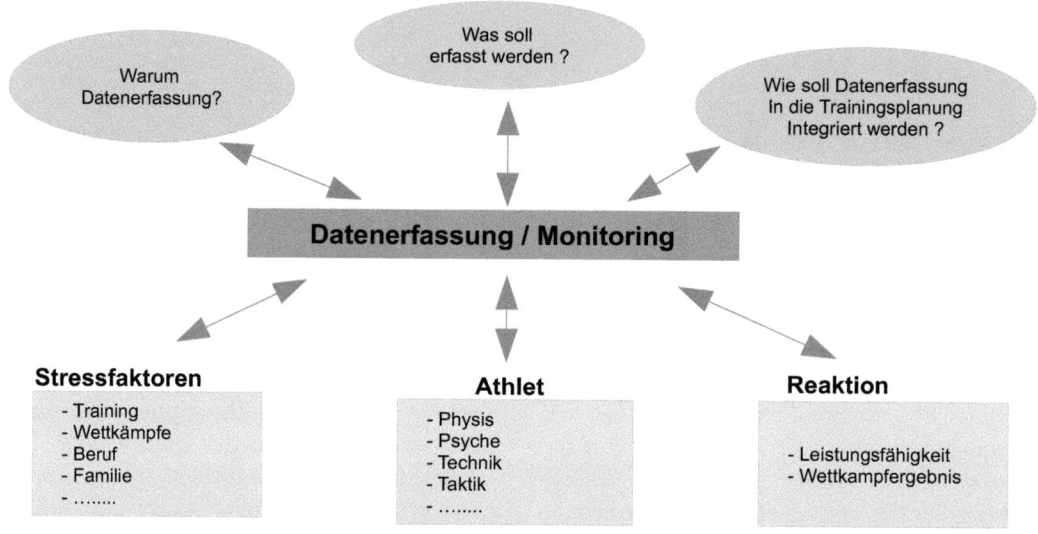

Abb.: Aspekte der Datenerfassung / Monitoring

Die Quantifizierung der Trainingsbelastung gestaltet sich dabei noch relativ einfach, die Erfassung der Stressbelastung außerhalb des Trainings, wie z.B. durch berufliche oder familiäre Faktoren, ist schon deutlich schwieriger. Auch Faktoren wie Schlafdauer und -qualität, oder die Ernährung haben entscheidenden Einfluss auf die Leistung des Athleten. Um Befindlichkeit und Leistungsbereitschaft zu bewerten, bedient man sich eines kleinen Umwegs. Man ermittelt Parameter, die auf eine generelle Ermüdung oder ein Regenerationsdefizit hindeuten. Aufgrund der gewonnenen Daten kann man dann gegebenenfalls regulierend in den Trainingsprozess eingreifen.

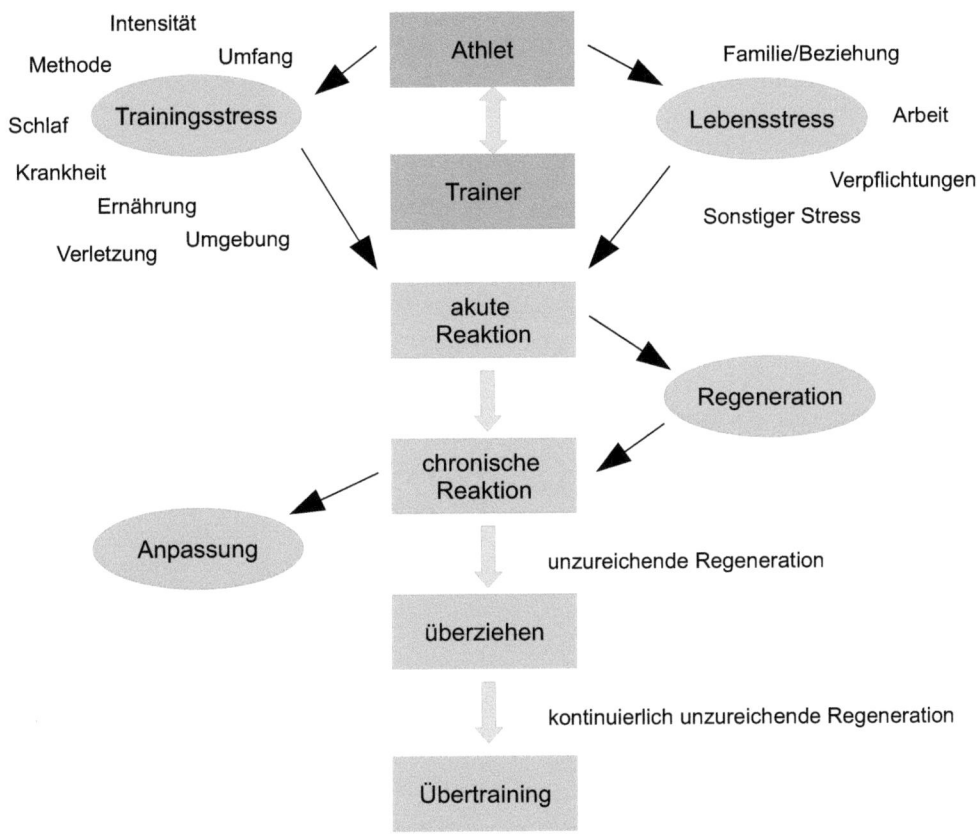

Abb.: Aspekte der Stressbelastung auf den Athleten (nach McGuigan, leicht modifiziert)

Wie bereits eingangs erwähnt, bestehen umfangreiche Möglichkeiten zur Datensammlung. Jede neue Uhr, die auf den Markt kommt, gelobt mehr und bessere Analysen als die vorherige Generation! Bereits relativ günstige Modelle gleichen kleinen Homecomputern und versprechen wahre Wunderdinge um das Training immer weiter zu optimieren. So verwundert es nicht, dass Trainer und Athlet auch schnell mal den Überblick verlieren und von der Datenflut überrollt und überfordert werden!

Entscheidend ist, dass ein Gefühl dafür entwickelt wird, welche Daten wirklich wichtig sind und auch einen Nutzen für die individuelle Trainingsplanung bringen!

Manchmal ist weniger MEHR!

Meist ist es praktikabler und effektiver, sich bei der Datenerhebung auf einige wenige wichtige Parameter zu beschränken und diese genau und akkurat zu analysieren!

In den nächsten Kapiteln wollen wir einen Überblick über die unterschiedlichen Parameter zur Bewertung von Regenerationsstatus und Trainingsbelastung geben, so dass Trainer und Athleten in die Lage versetzt werden, die für sie relevanten und wichtigen Daten herauszufiltern und für ihre Trainingssteuerung zu verwenden. Wenn das gut umgesetzt wird, so sollte es dem Leistungspotenzial des Athleten zugute kommen und dabei helfen, dass Verletzungen, Krankheit und Übertraining reduziert werden können!

Belastung & Erholung

Einen wichtigen Gesichtspunkte im Trainingsprozess stellt der planmäßige Wechsel von Phasen der Be- und Entlastung dar. Dieses Prinzip ist dafür verantwortlich, dass die sportliche Form sukzessive aufgebaut wird.

Einerseits kann ein dauerhaftes Ungleichgewicht in Richtung Belastung zu gesundheitlichen Störungen und erheblichen Leistungseinbusen führen. Andererseits muss man aber auch bedenken, dass ein Ungleichgewicht in Richtung Entlastung das volle Leistungspotenzial des Athleten nicht ausschöpfen wird. Daher ist die optimale Gewichtung von Be- und Entlastungsphasen eines der wichtigsten und wesentlichen Trainingsprinzipien.

In diesem Zusammenhang lautet die entscheidende Frage:

Wie kann der Sportler seine individuell optimale Balance in diesem Belastungs-Entlastungs-Kontinuum finden?

Ist der Athlet für die nächste Einheit ausreichend erholt? Sollte das Training nur locker gestaltet oder verkürzt werden? Eventuell sogar ganz ausfallen? Oder zumindest dessen Wirkrichtung verschoben werden?

Eine trainingsinduzierte Ermüdung und die dazugehörige Regeneration wirken sich unterschiedlich auf die verschiedenen Funktionssysteme des Körpers aus. Eventuell sind die Energiedepots längst aufgefüllt, vegetatives und zentrales Nervensystem aber für neue intensive Belastungen noch nicht wieder bereit. Ein Sprinttraining wäre in diesem Fall kontraproduktiv, ein lockeres Ausdauertraining kann aber ohne Bedenken umgesetzt werden. Unter Umständen ist es sogar hilfreich um die Regeneration zu unterstützen!

Die Beurteilung der individuellen Belastbarkeit hängt also ursächlich mit der Erfassung und Bewertung der Ermüdung der verschiedenen Funktionssysteme des Organismus zusammen!

Trainingsgestaltung

Sportliches Training bedeutet eine interne Beanspruchung des Organismus. Das individuelle Ausmaß ist von zwei Faktoren abhängig: der Größe der Belastung und dem Trainingszustand des Sportlers.

Für die Beschreibung und Durchführung des Trainings wurden im Laufe der Zeit sogenannte Trainingsprinzipien postuliert. Sie stellen die Grundlage der Trainingsplanung, -gestaltung und –steuerung dar. Ihre konsequente Umsetzung garantiert maximale Leistungsfortschritte und hilft dem Athleten dabei, sich weder zu über- noch zu unterfordern. Da sie übergeordnete Prinzipien mit hoher Allgemeingültigkeit darstellen, lassen sie für Trainer und Athleten gewisse individuelle Gestaltungsspielräume. Sie stehen nicht isoliert nebeneinander, sondern überschneiden sich inhaltlich. Im Zusammenhang mit der Belastungssteuerung spielen vor allem zwei Prinzipien eine herausragende und entscheidende Rolle:

1. **Wirksamer Belastungsreiz:**
   Dieses Prinzip ist für die *Auslösung der Anpassung* verantwortlich. Das bedeutet, dass nur dann Funktionsverbesserung im Organismus ausgelöst werden, sofern die Belastung im Training hinsichtlich Umfang und Intensität eine wirksame Belastungsschwelle überschreitet. Diese Schwelle ist abhängig vom Zustand des Sportlers. Was für einen Hochleistungssportler einen wirksamen Belastungsreiz darstellt, kann einen Freizeitsportler unter Umständen stark überfordern und den anschließenden Regenerationsprozess massiv beeinträchtigen.

2. **Optimale Gestaltung von Belastung und Erholung:**
   Dieses Prinzip *sichert die Anpassung* und ist dafür verantwortlich, dass der Sportler weder über- noch unterfordert wird. Training und Wettkampf bedeuten Stress und Er-

müdung für den Athleten. Davon muss er sich erholen. Erst danach kann der nächste Belastungsreiz wieder optimal verarbeitet und für eine weitere Leistungssteigerung genutzt werden. Da sich die trainingsinduzierte Ermüdung unterschiedlich auf die verschiedenen Funktionssysteme des Körpers auswirkt, handelt es sich hier um einen komplexen Prozess.

Wir halten fest: Sportliches Training führt zunächst zu einer Ermüdung des Athleten. In der anschließenden Erholungsphase passt sich der Organismus mit seinen unterschiedlichen Funktionssystemen an die gestellten Anforderungen an. Durch diesen Prozess werden danach weitere (ähnlich geartete) Belastungen besser bewältigt. Das ist die Grundlage jeglichen sportlichen Trainings: Der Organismus versucht sich auf eine an ihn gestellte Anforderung einzustellen, so dass er sie beim nächsten Mal besser bewältigen kann. Dazu bedarf es regelmäßiger Belastungsreize, die eine gewisse individuelle

Schwelle überschreiten und damit immer auch einen hinreichenden Ermüdungsgrad beim Sportler hervorrufen.

Unterschwellige Reize bleiben wirkungslos, der Organismus sieht keine Veranlassung sich auf weitere Anforderungen besser vorzubereiten.

Schwach überschwellige Reize erhalten lediglich das Funktionsniveau.

Für eine optimale Anpassung sind Belastungsreize notwendig, die das bestehende Leistungsniveau intensiv beanspruchen. Nur so wird eine entsprechende Reaktion hervorgerufen.

Und jetzt kommt auch das individuelle Leistungsvermögen des Athleten mit ins Spiel: ein Reiz, der bei einem Leistungssportler eine optimale Anpassung hervorruft, kann einen Freizeitsportler unter Umständen so stark ermüden, dass er mehrere Tage Regeneration benötigt und mit seinem Training aussetzen muss.

In diesem Zusammenhang ist natürlich die Frage nach den notwendigen Erholungszeiten entscheidend. Und die ist nicht einfach zu beantworten. Wie bereits erwähnt, benötigen die verschiedenen Funktionssysteme des Organismus unterschiedliche Regenerationszeiten und wirken sich damit natürlich auch unterschiedlich auf nachfolgende Trainingseinheiten aus.

Also: Was ist die optimale Erholungszeit?

Jeder Mensch reagiert auf Belastungsreize anders. Der eine braucht für deren Verarbeitung länger, beim anderen geschieht dies wesentlich schneller. Auch davon abhängig, welche Regenerationsmaßnahmen nach Belastungsende ergriffen werden und welche Lebensumstände (Stress in Beruf, Familie, …?) zur Zeit gegeben sind: Erholungszeiten können nicht exakt vorhergesagt werden. Schließlich sind sie auch von der Art der Belastung, sowie deren Umfang und Intensität abhängig. Anhaltswerte zur groben(!) Orientierung gibt die aufgeführte Tabelle auf der gegenüberliegenden Seite.

Für Trainer und Athlet ist es wichtig, die richtige Balance zwischen Über- und Unterforderung, also den individuell passenden Trainingsreiz, zu finden. Ein Monitoring verschiedener Parameter kann in diesem Zusammenhang hilfreich sein.

Die Realität sieht leider so aus, dass die Anpassungsreaktionen des Organismus sehr komplex vonstatten gehen. Es existiert eine enorme Bandbreite von Faktoren und Interaktionen, so dass es äußerst schwierig ist, die Anpassungsprozesse exakt zu beschreiben. Dabei muss immer beachtet werden, dass sich Stressfaktoren aufsummieren und auch Faktoren, die nicht trainingsinduziert sind, Einfluß auf die Verarbeitung von Trainingsbelastungen nehmen.

Phasen-Einteilung	Regenerationsvorgang	Zeitdauer	Vorausgegangene Belastung
Frühphase	Wiederauffüllung der Kreatinphosphatspeicher	4 – 6 min	Maximalbelastung 10-12s (alaktazid)
	Abbau des Blutlaktats (Halbwertszeit)	1 – 3 h (15 min)	intensive anaerobe Belastung
	Beginn der Glykogenauf-füllung	bis 2 h	anaerob-laktazide Belastung
Spätphase	Elektrolytausgleich (Na, K)	6 h	großer Flüssigkeitsverlust
	Aufbau kontraktiler Eiweiße	12 – 48 h	maximale Muskelbelastungen
	Kompensation von Glykogen	24 – 48 h	intensive aerobe Belastung
Super-kompens-ationsphase	Ausgleich verlorener Muskelenzyme	48 – 60 h	hochintensive / überlange Belastungen
	Wiederaufbau von Struktureiweiß	48 – 72 h	häufige Laktatbildung im Muskel
	Superkompensation der Glykogenspeicher	2 – 3 Tage	intensive aerobe Belastung
	Elektrolytausgleich (Mg, Fe)	2 – 3 Tage	großer Flüssigkeitsverlust
	Ausgleich im Hormonhaushalt	2 – 5 Tage	anaerob-laktazide Belastungen, psychischer Stress
	Neuaufbau von Struktureiweiß	Tage – Wochen	lange, intensive Belastungen

Tab. Regenerationsvorgänge

Ermüdung

Wir haben bereits festgestellt, dass Ermüdung ein erwarteter und auch gewollter Effekt des Trainingsprozesses darstellt. Sie ist Voraussetzung für positive Anpassung und Leistungssteigerung.

Ermüdung ist eine vorübergehende Minderung der Leistungsfähigkeit. Im Zusammenhang mit sportlicher Leistungserbringung kann man sie prinzipiell in zwei unterschiedlichen Ausprägungen einteilen:

> **1. Physische Ermüdung** als Funktionsminderung auf muskulärer und energetischer Ebene.

> **2. Psychische Ermüdung** als Minderung der Leistungsfähigkeit aufgrund einer Störung der zentralnervösen Steuerung.

Normalerweise tritt Ermüdung als Kombination beider auf und kann ganz unterschiedliche Ursachen haben. Da Ermüdung die Leistungsfähigkeit limitiert, stellt sich die Frage, welche physiologischen, biochemischen und psychologischen Mechanismen dafür verantwortlich sind. In Betracht kommen vor allem die folgenden Teilsysteme und Abläufe des Organismus:

- Kardiovaskuläre Prozesse
- Energiebereitstellung
- Steuerungsprozesse des zentralen Nervensystems
- Störungen im autonomen Nervensystem

Kardiovaskuläre Prozesse

Die Leistungsfähigkeit bei länger andauernden Belastungen ist von der Sauerstoffversorgung der arbeitenden Muskulatur abhängig. Ist sie nicht mehr ausreichend gewährleistet wird die Leistung beeinträchtigt. Es ist allgemeiner Konsens, dass dabei die maximale Sauerstoffaufnahme ein mitentscheidendes Kriterium ist und den limitierenden Faktor für Ausdauerleistungen darstellt. Die maximale Sauerstoffaufnahme (VO_{2max}) ist ein Maß für die Leistungsfähigkeit der sauerstoffaufnehmenden, sauerstofftransportierenden und sauerstoffverwertenden Systeme des Organismus. Es handelt sich damit gewissermaßen um die Zusammenfassung der Leistungsfähigkeit der Teilsysteme Atmung, Herz-Kreislauf-System und Muskelzellen. Damit ist sie *DIE* klassische Messgröße zur Beurteilung der Ausdauerleistungsfähigkeit.

Noakes (2000) sieht allerdings nicht die muskuläre Sauerstoffschuld als die wesentliche und entscheidende Ursache für Ermüdung und einen daraus resultierenden Belastungsabbruch an, sondern eher einen zentralen Steuerungsmechanismus, der gewissermaßen das Herz vor einer Sauerstoffunterversorgung schützt.

Energiebereitstellung

Eine nicht mehr ausreichende Substrat-Bereitstellung für die Energiegewinnung, stellt einen weiteren Faktor für Ermüdung dar. Sowohl ein Mangel an ATP in der Muskelzelle als auch der Energiespeicher, der die Resynthese hemmt, kann eine Leistungsminderung hervorrufen.

Zentrales Nervensystem

Durch Ermüdung werden zentralnervöse Vorgänge vorübergehend herabgesetzt, so dass die Muskelfasern sowohl langsamer als auch insgesamt weniger Fasern aktiviert werden. Man geht davon aus, dass durch die zentrale Steuerung unter anderem auch einer totalen Ausschöpfung der Energiereserven vorgebeugt wird.

Autonomes Nervensystem

Bei einem Missverhältnis von Leistungsanforderung und Leistungsvermögen kommt es im autonomen Nervensystem zur Störung von Erregungs- und Hemmungsprozessen.

Sympathikus und Parasympathikus sind Teilsysteme des autonomen Nervensystems. Sie treten gewissermaßen als Gegenspieler auf und beeinflussen je nach Aktivierungsgrad Parameter der Herzfrequenz und -variabilität, der allgemeinen Befindlichkeit, des Schlafs und vieler regenerativer Prozesse.

Damit liefert auch das autonome Nervensystem seinen Beitrag zu Ermüdung, Überlastung und Übertrainingszustände!

Aus der bisherigen Betrachtung kann man ersehen, dass es sich bei Ermüdung um einen sehr komplexen Vorgang mit einer Vielzahl von Einflussfaktoren handelt. Betrachtet man allerdings Athleten, die einen hohen Erschöpfungsgrad aufweisen, oder sich gar in einem Übertrainingszustand befinden, so stößt man immer wieder auf die selben Ursachen, die für den Zustand des Sportlers verantwortlich sind. Normalerweise ist es dabei nicht ein einzelner Grund der angeführt werden kann, sondern es treten mehrere der folgenden Umstände auf:

- gleichförmiges Training unter monotonen Bedingungen
- lange Trainingsphasen unter hoher Intensität und/oder großem Umfang
- lang andauerndes Training / Wettkämpfe unter hoher psychischer Belastung
- Krankheiten / zu schnelle Wiederaufnahme des Trainings nach Infekten
- falsche / einseitige Ernährung
- soziale Konflikte / Sorgen
- Schlafmangel

Die Bewältigung von Ermüdung ist eine der zentralen Aufgaben der Trainingsplanung und kann durch zahlreiche Regenerationsmaßnahmen wirkungsvoll unterstützt werden.

Überziehen & Übertraining

(In)effektives Training, Überziehen und Übertraining sind Teil eines Kontinuums.

Funktionelles Überziehen ist quasi ein aus trainingsmethodischen Gründen bewusst in Kauf genommenes Kurzzeit-Übertraining. Es handelt sich um eine vorübergehende Leistungsminderung über einen Zeitraum von ein bis maximal drei Wochen, wie sie beispielsweise in Trainingslagern auftritt. Wird anschließend eine Regenerationsphase mit lockerem Training eingelegt, so reagiert der Organismus mit einer ausgeprägten Superkompensation und stark erhöhter Leistungsfähigkeit.

Timing und Häufigkeit eines funktionellen Überziehens sind kritisch und werden vor allem bei leistungsstärkeren und trainingsälteren Athleten angewendet, um neue und ausgeprägte Trainingsreize zu generieren. Werden allerdings notwendige Regenerationszeiten und Phasen reduzierter Belastung ignoriert, so wird aus einem funktionellen Überziehen schnell ein unfunktionelles. Der Übergang gestaltet sich fließend.

Ein Athlet, der sich in einem Zustand des unfunktionellen Überziehens befindet, fühlt sich Müde und seine Leistungsfähigkeit leidet.

Besteht weiter ein starkes Missverhältnis zwischen Belastung und Erholung, und das über einen längeren Zeitraum, so kann dies in letzter Konsequenz zu einem Übertrainingszustand führen. In ausgeprägtester Form sogar zu einem Burn-Out. Das Resultat ist eine massive Einschränkung der Leistungsfähigkeit. Und das kann Wochen bis Monate andauern!

Der Belastungsstress, der in ein Übertraining führt, setzt sich sowohl aus physischem Trainings- und Wettkampfstress als auch aus sonstigen Faktoren aus dem sozialen Umfeld des Athleten zusammen: Übertraining lässt sich nicht ausschließlich an einem Übermaß an Training festmachen, der Vorgang gestaltet sich wesentlich komplexer. Wer in einen Über-trainingszustand geraten ist, muss neben seiner Trainingsgestaltung auch seine weiteren Lebensumstände analysieren um alle möglichen Gründe zu erfassen.

Je länger ein Übertrainingszustand andauert, desto mehr wird eine zentrale, vom Gehirn ausgehende Ermüdung ausgelöst. Dauert das Übertraining zu lange an, so kommt es selbst nach deutlicher Belastungsreduktion zu keiner Anpassungsreaktion, der Organismus erholt sich nicht mehr.

Leistungskurve

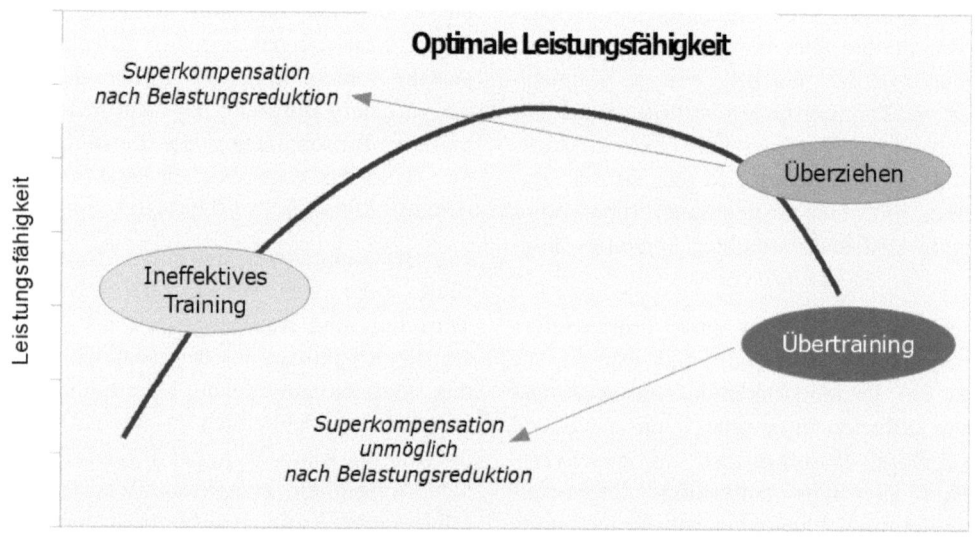

Abb.: Überziehen versus Übertraining

Symptome

Übertraining sollte bereits in frühem Stadium erkannt werden. So kann man noch reagieren und die Trainingsplanung entsprechend korrigieren.

Ein Übertrainingszustand kann sich auf unterschiedliche Art und Weise äußern, einen einzelnen aussagekräftigen Indikator gibt es leider nicht. Dazu ist die Problematik viel zu komplex. Treten aber mehrere der nachfolgend aufgeführten Anzeichen auf, so kann dies als deutliches Indiz auf ein mögliches Übertraining gedeutet werden.

- **sportmethodische Anzeichen**
  - Leistungsstagnation oder –minderung
  - Fehlerhäufung in Koordination und sportlicher Technik
  - Beeinträchtigung von Schnelligkeit und Kurzzeitausdauer
  - verminderte Maximalkraft

- **Nerven- und hormonelles Steuersystem**
  - starke Stimmungsschwankungen, erhöhte Reizbarkeit
  - Trainingsunlust
  - Konzentrationsschwäche
  - Schlaflosigkeit, vor allem Einschlafstörungen
  - Appetitlosigkeit
  - Magen-/Darm-Beschwerden
  - Verschiebungen im Hormonhaushalt zugunsten substanzabbauender Hormone, vermehrte Ausschüttung von Stresshormonen (Catecholaminen)

- **Muskel- und Energiesystem**
  - Krampfneigung
  - reduzierte maximale Blutlaktatkonzentration
  - erhöhte Verletzungsanfälligkeit
  - Gewichtsabnahme durch Wasserverlust und entleerte Energiespeicher

- **Herz-Lungen-System**
  - verändertes Pulsverhalten, erniedrigter Maximalpuls
  - vermehrte Kollapsneigung
  - erhöhte Ruheatmung

Ein Übertraining einwandfrei zu diagnostizieren ist äußerst problematisch, die erwähnten Symptome sind nicht zwingend nur für einen Übertrainingszustand verantwortlich. Genauso kann auch eine organische Erkrankung mit ähnlicher Symptomatik zugrunde liegen. Blutarmut, Mangelzustände an Vitaminen und Spurenelementen, oder Störungen im Mineralhaushalt gilt es zu untersuchen und auszuschließen.

Was die Diagnose zusätzlich erschwert, ist die Tatsache, dass es zwei unterschiedliche Arten des Übertrainings gibt, die entweder vom Sympathikus oder dem Parasympathikus des vegetativen Nervensystems beeinflusst und ausgelöst werden:

- Das *Erregungsübertraining* (sympathikon) ist leichter zu erkennen und meist recht einfach und schnell zu beheben.

- Das *Hemmungsübertraining* (parasympathikon) ist von einem schleichenderen Verlauf gekennzeichnet, so dass es meist erst recht spät erkannt wird und daher längere Behandlungszeiträume in Anspruch nimmt.

Ein verlässliches Mittel um einen Übertrainingszustand zu diagnostizieren, ist die Betrachtung des zurückliegenden Zeitraums. Dabei ist das Augenmerk nicht nur auf die Belastungs- und Erholungsphasen im Trainingsablauf zu richten. Wichtige Fragestellungen sind ebenso:

- Gab es Stress im Beruf?

- Sind familiäre Belastungen aufgetreten?

- Waren Infekte oder andere Krankheiten?

- Gab es außerordentliche psychische Belastungen?

- War die Ernährung leistungsgerecht und angepasst?

- Gab es genügend Erholungszeiträume (Freizeit zum Abschalten)?

- ....

Erregungsübertraining (sympathikon)	Hemmungsübertraining (parasympathikon)
Innere Unruhe	Phlegmatische Stimmungslage
Appetitstörungen	Appetit normal
Gewichtsverlust	Gewicht normal
Nachtschweiß	-
Blässe	-
Kopfschmerzen	Klarer Kopf
Schlafstörungen	Schlaf normal
Beschleunigter Herzschlag in Ruhe und unter Belastung eine verlangsamte Herzfrequenz	Verzögerte Herzfrequenzrückstellung nach Belastung, oft Erniedrigung der Ruheherzfrequenz
Grundumsatz erhöht	Grundumsatz normal
Beschleunigte Atmung unter Belastung	Atmung normal
Generell verzögerte Erholung	Erholung normal

Tab.: Symptome von Erregungs- und Hemmungsübertraining

Therapie

Bei Übertraining ist die Ausschaltung der Ursachen die einzig wirksame Therapie. Trainingsintensität und –umfang müssen drastisch reduziert werden, bei stark ausgeprägter Symptomatik muss das Training eventuell ganz ausgesetzt werden. Um eine bisherige Trainingsmonotonie zu durchbrechen, können andere Sportarten in spielerischer Form ausgeübt werden.

Als Faustregel gilt: der betroffene Athlet sollte das Training etwa zwei bis drei mal so lange reduzieren, beziehungsweise aussetzen, wie die Entstehung des Übertrainings gedauert hat.

Prophylaxe

Einem Übertraining kann man am Besten dadurch entgegenwirken, dass man eine sorgfältige, den individuellen Möglichkeiten angepasste, Trainingsplanung und –durchführung vornimmt. Um eine optimale Regeneration zu gewährleisten, ist neben trainingsphysiologischen Maßnahmen auch ein günstiges Umfeld mit einem ausgewogenen Sozialleben und alternativen Beschäftigungen von Bedeutung. Das beinhaltet unter anderem:

- Behutsame Belastungssteigerung im Trainingsprozess

- Konsequente Einhaltung von Regenerationsphasen

- Ausgewogene, belastungsangepasste Ernährung, insbesondere die Versorgung mit Magnesium, Eisen und Vitamin D ist zu gewährleisten

- Keine Intensivierung des Trainings auf Kosten bisheriger Regenerationstage

- Nutzung von trainingsbegleitenden, regenerativen Maßnahmen für das körperliche und seelische Wohlbefinden

Im nächsten Kapitel werden wir uns dem Monitoring verschiedener Ermüdungsparameter kümmern. Deren Überwachung soll Trainer und Athlet dahingehend unterstützen, dass eine zu hohe Belastung frühzeitig erkannt wird und entsprechend schnell in den Trainingsprozess eingegriffen werden kann.

Monitoring des Regenerationsstatus

Wie kann man den Grad der Regeneration messen und bewerten?

Wie kann man ein drohendes Übertraining -oder ein bereits bestehendes- erkennen?

Regeneration und Ermüdung hängen unmittelbar voneinander ab, so dass man mit einer Erfassung des Ermüdungsgrades auch den aktuellen Regenerationszustand eines Sportlers sehr gut abschätzen kann.

Da sich Ermüdungsprozesse auf unterschiedlichen Ebenen des Organismus abspielen, ist die Bestimmung eines allgemeinen Ermüdungs-, beziehungsweise Regenerationsstatus, so schwierig. Vor allem für die Erkennung von Übertrainingszuständen ist daher eine ganzheitliche Betrachtung des Athleten dringend nötig!

In den letzten Jahren wurden in zahlreichen Studien verschiedenste Marker und Methoden zur Bestimmung des Regenerationsstatus untersucht. Leider zeigten sich dabei keine eindeutigen und allgemein gültigen Ergebnisse: Sportler reagieren individuell unterschiedlich auf Belastungen. Nach momentanem Kenntnisstand existiert somit kein einzelner Parameter, über den sich der Grad der Ermüdung, beziehungsweise Regeneration, auf den einzelnen Ebenen des Organismus eindeutig ablesen lässt.

Einen deutlichen Hinweis auf einen hohen Ermüdungsgrad liefert sicherlich die aktuelle maximale sportartspezifische Leistungsfähigkeit. Ist sie eingeschränkt, so kann dies auf ein Regenerationsdefizit hindeuten. Auch einfache Schnelligkeits-, beziehungsweise (Schnell-) Krafttests in maximaler Intensität lassen Rückschlüsse auf den Ermüdungszustand eines Sportlers zu.

Neben objektiven Messmethoden sollten immer auch Erfahrungswerte und subjektive Eindrücke, sowie Befindlichkeiten des Sportlers in die Bewertung der Regeneration mit einfließen. Hilfreich ist in diesem Zusammenhang eine umfassende und standardisierte Dokumentation von Training und Wettkämpfen. Dabei sollten unbedingt Umfang (Dauer/Strecke) sowie Intensität (Herzfrequenz, Geschwindigkeit, Leistung, Kalorien-verbrauch,....) aller Einheiten erfasst werden. Erhöhte Beanspruchungsparameter bei ident-ischen Trainingsbelastungen deuten unter Umständen auf eine mangelhafte Regener-ation hin. Trotz allem sind die Werte mit Vorsicht zu betrachten. Ursachen können ebenso auf anderen Gegebenheiten beruhen und auf organische Schäden, Infekte oder andere Krankheiten hindeuten.

Wir werden nachfolgend einige Meßme-thoden zur Bestimmung, beziehungsweise Bewertung des Regenerationsstatus, vorstell-en. Sie können zumindest als Hinweise und Hilfsmittel für die Trainingssteuerung heran-gezogen werden.

Neben der angesprochenen schwierigen Ob-jektivierbarkeit sollten Messmethoden natür-lich immer gewisse Eigenschaften aufweisen, so dass sie von Trainer und Athleten auch akzeptiert und angewendet werden. Dies beinhaltet vor allem folgende Eigenschaften:

- integrativ (mehrere Ebenen des Organismus müssen erfasst werden)

- Sensitivität des Parameters, um Aus-wirkungen auch erkennen und bewerten zu können

- objektiv und nicht manipulierbar

- spezifisch und wenig störanfällig durch weitere Faktoren

- finanziell machbar

- zeitlicher Aufwand überschaubar

- in den Trainingsablauf integrierbar

Stoffwechselparameter

Für die Wiederbelastbarkeit nach intensivem Training ist der Umschlag einer abbauenden (katabolen) in eine aufbauende (anabole) Stoffwechsellage wichtig. Dies kann durch regelmäßige Bestimmung zentraler Größen des Stoffwechsels beurteilt werden.

Vor allem in Phasen hoher Trainingsbelastung, wie sie beispielsweise in Trainingslagern gegeben sind, können die Marker zur Unterstützung der Belastungssteuerung eingesetzt werden. Dabei nutzt man jeweils die Verlaufsdynamik der morgendlichen Parameter-Konzentration zur Beurteilung der Belastungsverträglichkeit und den Grad der Wiederherstellung.

stoffs im Blut. Die erhöhte Synthese vollzieht sich nach der Belastung über einen Zeitraum von einigen Stunden bis zu mehreren Tagen.

Die normale Serumharnstoffkonzentration im Blut beträgt etwa 5-7 mmol/l, ist jedoch individuell recht unterschiedlich. Steigt der Wert im Blut um mehr als 2 mmol/l an, so sollte die Trainingsbelastung reduziert werden, um die Gefahr von Überlastungen und Übertraining zu vermeiden. Wichtig ist, dass für jeden Athleten zunächst ein individueller Normbereich bestimmt wird. Ausgehende von diesem „Normalzustand" bei gutem Regenerationsstatus, kann dann eine entsprechende Bewertung des individuellen Zustandes erfolgen.

Serumharnstoff

Serumharnstoff ist ein Endprodukt des Proteinabbaus, der in der Leber gebildet wird. Kommt es durch intensive körperliche Belastungen zu einem verstärkten Proteinabbau, so erhöht sich die Konzentration des Harn-

Creatinkinase

Creatinkinase ist ein zellständiges Enzym. Normalerweise ist es nur in sehr geringen Mengen im Blut enthalten. Bei energetischer Überforderung tritt es vermehrt ins Blut über, so dass dieser Umstand für denn diagnostischen Einsatz genutzt werden kann. Die Aktivität steigt bei ungewohnter, intensiver oder lang andauernder Muskelbelastung an.

Die Normalwerte der Creatinkinase liegen bei Männern bei 3,4 µmol/l•s, bei Frauen bei 2,0 µmol/l•s, Werte über 10 µmol/l•s gelten als kritisch.

Insulin und Cortisol

Insulin ist ein Hormon der Bauchspeicheldrüse, das unter anderem den Übertritt der Glukose in die Zelle reguliert. Cortisol gehört zu den körpereigenen Hormonen, die in der Nebennierenrinde gebildet werden. Bei ansteigendem Insulinspiegel und abnehmender Cortisolkonzentration kann auf eine Zunahme der aufbauenden (anabolen) Prozesse im Organismus geschlossen werden. Auch hier ist es wieder wichtig, dass für den Athleten ein individueller Normbereich bestimmt wird. Ausgehend von diesem erfolgt dann die entsprechende Bewertung.

Herzfrequenzvariabilität

Parameter des Stoffwechsels sind wegen ihrer aufwändigen Ermittlung und der benötigten Hilfsmittel eher Hochleistungssportlern und Kaderathleten vorbehalten.

Die Bestimmung der Herzfrequenzvariabilität bietet auch für Freizeitsportler eine einfache und praktikable Möglichkeit den Ermüdungsstatus zu bewerten, so dass eine aufkommende Überlastungen frühzeitig erkannt wird. Heutzutage gibt es zahlreiche Pulsuhrmodelle auf dem Markt, die die Erfassung der Herzfrequenzvariabilität ermöglichen.

Die Herzfrequenzvariabilität ist ein Parameter der Herzfunktion. Das Herz schlägt generell nicht mit absoluter Regelmäßigkeit. Der zeitliche Abstand zwischen zwei Schlägen ist immer unterschiedlich und weicht vom vorherigen ab. Die Variabilität wird durch das autonome Nervensystem beeinflusst. Der Organismus passt sowohl Herzfrequenz als auch -variabilität beständig momentanen Erfordernissen an. Durch körperliche Beanspruchung oder psychische Belastung kommt es zu einer Erhöhung der Herzfrequenz bei gleichzeitiger Erniedrigung der Variabilität. Dabei zeigt sich eine höhere Anpassungsfähigkeit an Belastungen in einer generell größeren Variabilität der Herzfrequenz. Unter chronischer Stressbelastung ist sie wegen der beständig hohen Anspannung, die dafür typisch ist, mehr oder weniger eingeschränkt und reduziert. Die Herzfrequenzvariabilität ist damit eine qualitative Kenngröße für die Anpassungsfähigkeit des Organismus an exogene und endogene Belastungen.

Somit kann die Erfassung der Herzfrequenzvariabilität zur Bestimmung des vegetativen Zustands genutzt werden. Eine Abnahme der Variabilität nach hohen Belastungen deutet auf eine Ermüdung und unzureichende Regeneration hin. Eine kontinuierliche Zunahme spricht für eine positive Belastungsverarbeitung und einen besseren vegetativen Zustand.

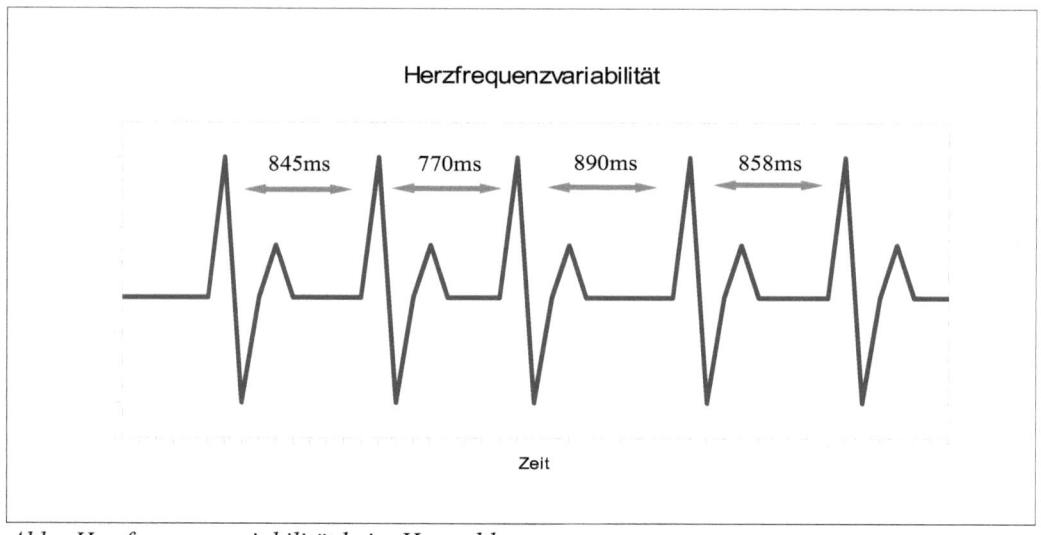

Abb.: Herzfrequenzvariabilität beim Herzschlag

Um den Regenerationsstatus sicher bewerten zu können, reicht die alleinige Betrachtung der Herzfrequenzvariabilität allerdings nicht aus. Für eine genauere Aussage und das Monitoring wird im Leistungssport der Orthostatische Herzfrequenz-Test herangezogen. Er misst die Veränderung von Frequenz und Variabilität bei einem Lagewechsel von liegender zu stehender Position.

In der Zwischenzeit nutzen viele Leistungssportler diesen relativ einfach durchzuführenden Test, der aussagekräftige Daten für die Verarbeitung von Trainings- und Wettkampfbelastungen liefert.

Die Intention des Tests ist eine bessere Abstimmung von Trainingseinheiten, der Wechsel zwischen Training und Regeneration soll sich besser planen lassen.

Orthostatischer Herzfrequenz-Test

Der Orthostatische Herzfrequenz-Test ist ein Hilfsmittel, um eine optimale Balance zwischen Training und Regeneration zu finden. Die erhobenen Parameter Herzfrequenz und -variabilität können als Indikatoren für Störungen des autonomen Nervensystems und eine unzureichende Regeneration dienen. Da sie individuell sehr unterschiedlich ausfallen, müssen die Parameter immer über einen längeren Zeitraum betrachtet werden und zunächst ein „Basis-Referenzwert" ermittelt werden. Zum Beispiel sinkt die Herzfrequenzvariabilität mit zunehmendem Alter. Weitere Faktoren, die Einfluss auf die Variabilität haben sind unter anderem auch:

Erhöhte Variabilität durch:

- gesunde Ernährung
- ausgeglichene Lebensführung
- regelmäßiger Sport
- ausreichender Schlaf
- genügend Regenerationsphasen

Verminderte Variabilität durch:

- Stress (psychisch & physisch)
- Alkohol
- Übertraining
- Nikotin
- Koffein
- Übergewicht

Für die Regenerations- und Belastungssteuerung werden in einem ersten Schritt über mehrere Tage, bei weitestgehend regenerativen und sehr lockeren Trainingseinheiten, die morgendlichen Werte der Herzfrequenz und -variabilität ermittelt. Dies dient der Bestimmung der individuellen Baseline, die im weiteren Trainingsverlauf als Referenz für die Bewertung des Regenerationsstatus dient.

Am Besten ist es, wenn man den Test morgens vor dem Frühstück durchführt und immer für ähnliche Verhältnisse sorgt.

Testdurchführung

Der Orthostatische Tests wird nach folgendem einfachen Schema durchgeführt:

- 3-5 Minuten Messung im liegen
- langsames aufstehen
- 3-5 Minuten Messung im stehen
- Erfasste Parameter: Herzfrequenz, Herzfrequenzvariabilität (RMSSD-Wert)

Ergebnisinterpretation

Aus dem Orthostatischen Test werden die Herzfrequenz sowie der RMSSD-WERT (Root Mean Square of Successive Differences) als Mittelwert für die liegende und stehende Position berechnet.

Der RMSSD-Wert der Herzfrequenzvariabilität ist der aussagekräftigste Parameter, wenn es um die Bewertung des Erholungszustandes geht. Der RMSSD-Wert gibt Auskunft über kurzfristige Veränderungen aufeinanderfolgender Herzschläge und gilt als Standardmaß für die parasympathische Herzregulation. Das bedeutet, dass sich an seinem Wert der Einfluss des Parasympathikus für Erholungs- und Regenerationsvorgänge ablesen lässt.

Für die Interpretation der Messung ergeben sich prinzipiell unterschiedliche Szenarien, die nachfolgend anhand von vereinfachten exemplarischen Beispielen erläutert werden.

Baseline

Die Baseline dient als Referenzwert für einen leistungsfähigen, erholten Athleten mit gutem Regenerationsstatus: Die Herzfrequenz in liegendem Zustand ist niedrig und steigt während des Aufstehens rasch an. Die anschließende Gegenregulation senkt die Herzfrequenz wieder ab und pegelt diese auf einem stabilen Niveau ein. Der RMSSD-Wert zeigt im Stehen eine etwa drei- bis vierfache Abnahme gegenüber dem Liegendwert.

Nach hochintensivem Training

Mehrtägiges hochintensives Training kann eine starke sympathische Regulation bewirken, so dass im Gegenzug die parasympathische Aktivität verringert ist. Auswirkungen sind ein Anstieg der Herzfrequenz sowohl im Liegen als auch im Stehen. Der RMSSD-Wert sinkt sowohl im Liegen als auch im Stehen.

Nach volumenorientiertem und hochintensivem Training

Die Kombination aus volumenorientiertem und hochintensivem Training bedeutet für den Athleten einen enormen Trainingsstress. Dies resultiert in einer größeren Differenz zwischen der Herzfrequenz im Liegen und im Stehen. Der RMSSD-Wert im Stehen ist erniedrigt, im Liegen ändert er sich kaum.

Länger währender hoher Trainingsstress

Wird der Organismus über einen längeren Zeitraum einem hohen Trainingsstress ausgesetzt, so kommt es zu niedrigeren Herzfrequenzwerten sowohl im Liegen als auch im Stehen. Die Gegenregulation während des Aufstehens bleibt weitestgehend aus. Aufgrund der starken Aktivität des Parasympathikus fällt der Unterschied der Herzfrequenz im Liegen und Stehen sehr gering aus, die RMSSD-Werte erhöhen sich.

Beim einfach durchzuführenden Orthostatischen Test fließen nicht nur die Trainingsbelastungen in das Ergebnis ein, auch alltägliche Reize wie Schlafmangel oder Stress beeinflussen den Test. Somit ist eine akkurate Anpassung des Trainings möglich.

Die Grafiken auf den folgenden Seiten zeigen die typischen Verhalten der Herzfrequenz und des RMSSD-Wertes nach entsprechenden Trainingsbelastungen. Sie können als Anhalt für die Interpretation eines konkreten Tests herangezogen werden.

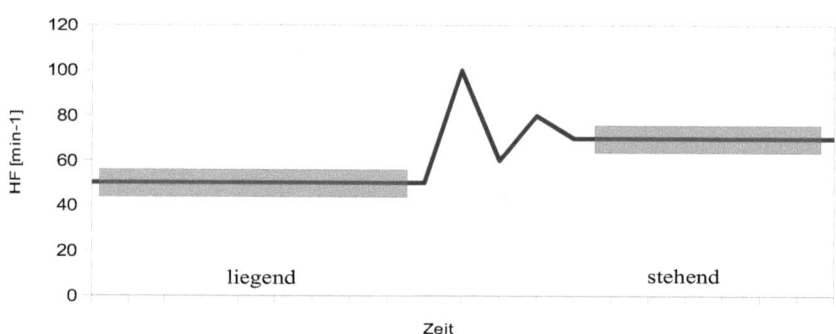

HF-Verhalten Baseline

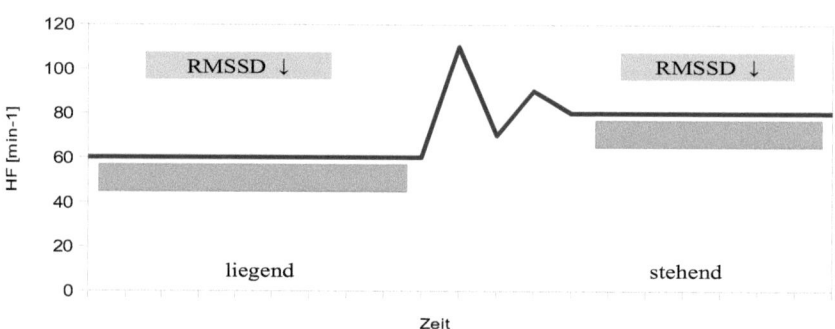

HF-Verhalten nach hochintensivem Training

HF-Verhalten nach volumenorientiertem und hochintensivem Training

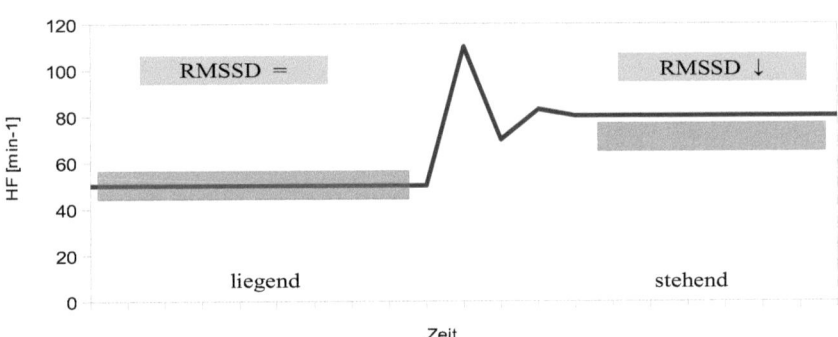

HF-Verhalten nach längerwährendem hohem Trainingsstress

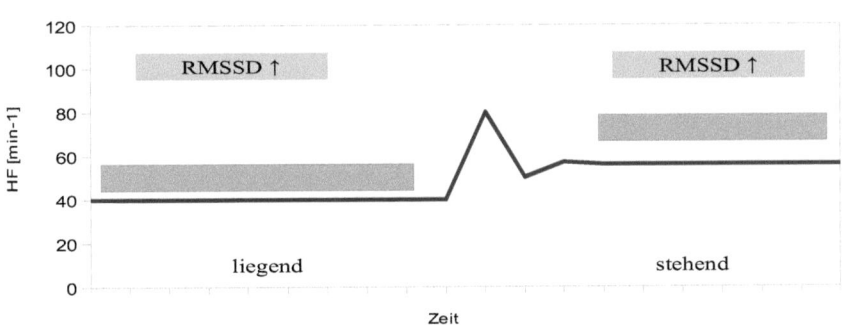

Subjektive Ermüdungsparameter – standardisierte Befindlichkeitsfragebögen

Neben den bereits beschriebenen Kenngrößen, ist ein wichtiges und bei entsprechender Erfahrung des Sportlers auch recht verlässliches Bewertungsinstrument, dessen Selbstwahrnehmung. Anzeichen einer unzureichenden Regeneration können folgende sein:

- verminderte Aufmerksamkeit / Konzentrationsfähigkeit
- reduzierte koordinativ-technische Leistungsfähigkeit
- Atemnot bei Belastungen
- Abgeschlagenheit / Schlafstörungen
- Trainingsunlust / Antriebsschwäche / Stimmungsschwankungen
- Muskelkater / Muskelschmerzen

Subjektive Ermüdungsparameter sind ein wichtiges Kriterium zur Beurteilung des Regenerationszustandes. Sie sind leicht zu erfassen, haben aber einen großen Nachteil: sie sind subjektiv und damit (bewusst oder unbewusst) vom Athleten beeinflussbar. Durch individuelle Unterschiede bestehen keine klar definierten Grenzwerte. Das erschwert die Beurteilung zusätzlich. Als Ergänzung zu den objektiven Bewertungsparametern leisten sie dennoch wertvolle Dienste.

Zum Monitoring der Befindlichkeit werden standardisierte Fragebögen eingesetzt. Je mehr unterschiedliche Begrifflichkeiten dabei erfasst werden, desto besser kann auch der Status des Athleten bestimmt werden, die Genauigkeit (Validität) und Verlässlichkeit (Reliabilität) des Verfahrens steigen. Leider nimmt damit natürlich auch der zeitliche Aufwand für die Erfassung der Daten zu. Ökonomie und vor allem Akzeptanz beim Athleten leiden darunter. So gilt es einen sinnvollen Kompromiss zwischen Validität, Reliabilität und Ökonomie zu finden.

Mit Hilfe standardisierter Fragebögen ist eine zeitökonomische Datenerfassung, -auswertung sowie -interpretation effizient durchführbar, so dass Ergebnisse schnell vorliegen und im weiteren Trainingsverlauf berücksichtigt werden können.

Bekannt und mit am häufigsten eingesetzt sind vor allem die drei folgenden Verfahren:

In der Sportpraxis kommen alle drei zum Einsatz, wobei sich vor allem das EBF-Sport-Verfahren wachsender Beliebtheit erfreut und von vielen als das am besten geeignete Instrument für die Trainingspraxis angesehen wird.

Der zeitliche Aufwand der drei Ve-fahren bewegt sich auf ähnlichem Niveau.

- „Profile of Mood States" (POMS)
- EZ-Skala
- EBF-Sport-Verfahren

Verfahren	Zielsetzung	Aufwand	Einsatzbereich
POMS	Erfassung momentaner Stimmungszustände	5 – 10 Minuten	Erstellung von Befindlichkeitsprofilen
EZ-Skala	Erfassung situationsbedingter Handlungslage	ca. 10 Minuten	Erfassung von Befindlichkeitsveränderungen
EBF-Sport	Erfassung befindlichkeitsorientierter Beanspruchungsbilanz	8 – 12 Minuten	Erholungsoptimierung, Trainingssteuerung

Profile of Mood States (POMS)

POMS ist ein Verfahren zur Selbstbeurteilung des aktuellen Stimmungszustandes. Der standardisierte Fragebogen besteht aus 35 Adjektiven, die unterschiedliche Stimmungslagen abbilden:

- Niedergeschlagenheit
- Müdigkeit
- Tatendrang
- Missmut

Die Einschätzung der Befindlichkeit erfolgt nach einer Skala von 1 (überhaupt nicht) bis 7 (sehr stark). Damit stellt POMS ein quantitatives Verfahren zur Erfassung von Stimmungsschwankungen dar. Ursprünglich wurde die Befragung für den klinisch-psychologischen Einsatz entwickelt, seit den 80er Jahren wurde es aber auch zunehmend für die Abbildung der Befindlichkeit von (Hochleistungs-)Sportlern und in der Übertrainingsforschung eingesetzt.

EZ-Skala

Die Eigenzustandsskala (EZ-Skala) ist eine situationsgebundene Erfassung der aktuellen Befindlichkeit. Der Fragebogen besteht aus einer Sammlung von 40 Eigenschaftswörtern, die den aktuellen Zustand auf einer sechsstufigen Bewertungsskala erfassen sollen. Die Interpretation erfolgt auf einer dreistufigen Hierarchie. Erhoben werden acht Dimensionen:

- Anstrengungsbereitschaft
- Kontaktbereitschaft
- soziale Anerkennung
- Selbstsicherheit
- Stimmungslage
- Spannungslage
- Ermüdung
- Schläfrigkeit

Durch Zusammenfassung und Interpretation der Dimensionen werden Aussagen zur aktuellen Handlungsbereitschaft (Faktor Motivation) sowie Handlungsfähigkeit (Faktor Beanspruchung) getroffen.

EBF-Sport-Verfahren

Das EBF-Sport-Verfahren dient der Erfassung der befindensorientierten Erholungs-Beanspruchungsbilanz des Athleten. Der Fragebogen setzt sich aus 76 Aussagen zu Aktivitäten und Zuständen aus den Bereichen allgemeine sowie sportspezifische Beanspruchung und Erholung zusammen. Die Aussagen werden auf einer siebenstufigen Ratingskala hinsichtlich der Häufigkeit des Auftretens bewertet. Die Ergebnisse erlauben Situationsbeschreibungen und Ansatzpunkte für das Eingreifen in den Trainingsprozess.

Damit kann das Verfahren auch dahingehend hilfreich sein, dass Überlastungszustände frühzeitig erkannt werden.

Trainingsbelastung protokollieren, bewerten & steuern

Indem Trainingsdaten protokolliert und ausgewertet werden, kann der physische Stress, der aus einem Training resultiert, bewerten werden. Das unterstützt die weitere Trainingsplanung.

Wie kann man Trainingsstress am besten quantifizieren?

Grundsätzlich ergibt sich die physische Trainingsbelastung aus der Kombination folgender Parameter:

- Trainingsintensität
- Trainingsdauer
- Trainingshäufigkeit

Aus der Kombination der ersten beiden Parameter ergibt sich für eine einzelne Trainingseinheit eine definierte Belastung, wir sprechen in diesem Zusammenhang vom *TSS (Training-Stress-Score)*, einem der wichtigsten Parameter zur Steuerung des Trainings.

Ergänzt um den dritten Parameter, kann dann ein Wert für die aktuelle Trainingsbelastung errechnet werden. Dafür verwendet man einen gewichteten gleitenden Durchschnitt über die letzten sieben Tage und spricht in diesem Zusammenhang von der akuten Trainingsbelastung (*ATL: Acute-Training-Load*).

Um die längerfristige Trainingsbelastung (chronische Trainingsbelastung) zu bewerten, nimmt man den gewichteten gleitenden Durchschnitt der letzten 42 Tage (*CTL: Chronic-Training- Load)*.

Setzt man CTL und ATL zueinander in Bezug, so kann man sehr gut abschätzen, wie hoch die momentane Trainingsbelastung für den Athleten ist. Man spricht von der *Training-Stress-Bilanz (TSB)*.

Trainingsbelastung

Wie bereits erwähnt, resultiert der physische Trainingsstress aus der Kombination der Parameter Trainingsintensität, -dauer und -häufigkeit. Schauen wir uns nachfolgend genauer an wie sich Trainingsbelastungen konkret bewerten lassen.

Der Training-Stress-Score (TSS)

Der Stress, der durch eine einzelne Trainingseinheit ausgelöst wird, hängt von deren Dauer und absolvierten Intensität ab. Das bedeutet, dass je länger und/oder intensiver trainiert wird, umso höherer Belastung der Organismus ausgesetzt ist, desto länger die anschließende Regenerationszeit ausfällt.

Um den Trainingsstress objektiv beurteilen zu können, benötigt man einen Referenzwert. Und hier greifen wir auf die Stundenleistung des Athleten zurück, also den so genanten FTP-Wert (Functional-Threshold-Power), der der Leistung an der individuellen anaeroben

Schwelle entspricht. Eine Stunde Training an der FTP entspricht dabei genau einem TSS-Wert von 100. Die zugehörige Formel lautet:

$$TSS = \frac{[\,(BD \times NP \times IF)\,]}{(FTP \times 3600)} \times 100$$

BD = Belastungsdauer (s)
NP = normalisierte Leistung (Watt)
IF   = Intensitätsfaktor
FTP = Schwellenleistung (Watt)

Um die Formel zu verstehen, müssen wir zunächst zwei Werte klären, den der normalisierten Leistung und den Intensitätsfaktor.

Normalisierte Leistung

Jedes Training ist von einer variierenden Belastung gekennzeichnet. Beim Intervalltraining ist das recht offensichtlich: Phasen mit hoher Intensität wechseln sich mit Phasen reduzierter Intensität ab. Aber auch beim Training nach der Dauermethode variiert die Belastung immer ein wenig. Auch während eines Wettkampfes sieht es ähnlich aus: Taktische Gesichtspunkte, etwa das Verhalten der Konkurrenten, können die Leistungsabgabe innerhalb kürzester Zeit stark beeinflussen. Daher ist es äußerst schwierig, von der durchschnittlich erbrachten Leistung während des gesamten Trainings, beziehungsweise Wettkampfs, auf die tatsächliche metabolische Belastung des Athleten zu schließen. Um diese besser beurteilen zu können, hat sich die Ermittlung der sogenannten normalisierten Leistung als hilfreich erwiesen. Sie erfasst und gewichtet zwei wesentliche Gesichtspunkte:

- die erbrachte Leistung wird in ihrem Verlauf geglättet
- die erbrachte Leistung wird gewichtet

Vor allem der zweite Gesichtspunkt unterscheidet die normalisierte Leistung damit wesentlich von der Berechnung der Durchschnittsleistung und entspricht daher auch besser der wahren metabolischen Belastung bei variierender Leistungsabgabe.

Am Beispiel eines intensiven Intervalltrainings mit relativ langen Pausen lässt sich dies sehr gut veranschaulichen: Bedingt durch die langen Erholungsphasen zwischen den Intervallen ergibt sich eine relativ niedrige Durchschnittsleistung. Dies deutet eigentlich auf ein „erholsames" Training in niedriger Intensität hin. Und das obwohl die Belastung auf den Körper in den intensiven Intervallphasen enorm war! Und genau hier schafft die normalisierte Leistung Abhilfe, indem die intensiven Leistungsanteile stärker gewichtet werden. Das Resultat: die normalisierte Leistung fällt wesentlich höher aus als die Durchschnittsleistung.

Das Gegenteil des intensiven Intervalltrainings stellt ein konstantes Ausdauertraining nach der Dauermethode dar: hier wird während der gesamten Zeit mit annähernd derselben Leistung trainiert. Das bedeutet, dass Durchschnitts- und normalisierte Leistung im Idealfall nahezu identisch sind. Um so näher sie beieinander liegen, desto ökonomischer war die Leistungsabgabe! Der Vergleich von normalisierter und Durchschnittsleistung deckt somit auch eine unregelmäßige und damit unökonomische Leistungsentfaltung auf.

Anders ausgedrückt, entspricht die normalisierte Leistung der Leistung, und damit indirekt auch der körperlichen Belastung, die sich ergeben hätte, wenn sich der Athlet während seines kompletten Trainings oder Wettkampfs exakt mit dieser Leistung belastet hätte. Damit stellt die normalisierte Leistung ein besseres quantitatives Belastungsmaß als die Durchschnittsleistung dar.

Die Berechnung der normalisierten Leistung gestaltet sich etwas komplizierter, Softwaretools zur Trainingssteuerung übernehmen diese Aufgabe. Auch moderne Radcomputer ermitteln die normalisierte Leistung.

Intensitätsfaktor

Der Intensitätsfaktor dient als Hilfsmittel zur Beurteilung der momentanen individuellen Trainingsbelastung.

Die Berechnung des Wertes gestaltet sich recht einfach: Die normalisierte Leistung wird in Bezug zur Leistung an der individuellen anaeroben Schwelle gesetzt.

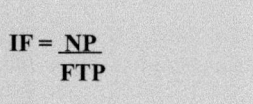

$$IF = \frac{NP}{FTP}$$

Aus der nachfolgenden Tabelle können die entsprechenden Vorgaben für die unterschiedlichen Trainingsbereiche entnommen werden:

Trainingsbereich	IF
1: aktive Regeneration	< 0,75
2: Ausdauertraining	0,75 – 0,85
3: Tempotraining	0,85 – 0,95
4: Schwellentraining	0,95 – 1,05
5: VO$_{2max}$ Training	1,05 – 1,15
6/7: anaerobes/neuromuskuläres Training	> 1,15

Tab.: Trainingsbereiche und dazugehörige Intensitätsfaktoren

Nutzt man eine gängige Analysesoftware, so werden die Werte für NP, IF und TSS automatisch berechnet.

Um jetzt aus den gewonnenen Daten die wöchentliche Trainingsbelastung zu bestimmen, summiert man einfach die TSS Werte der einzelnen Trainingeinheiten auf. Da sich der TSS aus der Kombination aus Trainingsdauer und -intensität ergibt, lassen sich sowohl umfangs- als auch intensitätslastige Trainingsphasen in ihrer Auswirkung auf das Stresslevel und den Regenerationsbedarf vergleichen. Je nach Leistungsvermögen und Trainingszustand können Athleten unterschiedliche wöchentliche Trainingbelastungen tolerieren.

TSS abschätzen

Wie wir in der Berechnungsformel des TSS sehen, basieren die Werte auf Leistungsdaten von Wattmessgeräten. Im Radsport ist die Verwendung von Leistungsmessern schon länger gebräuchlich und eigentlich für eine präzise Trainingssteuerung unverzichtbar.

Im Laufsport gibt es auch bereits erste Systeme, die sich auch immer größerer Beliebtheit erfreuen. Aber im Schwimmsport und zahlreichen weiteren Ausdauersportarten kann man nur sehr schwer oder eventuell auch gar nicht auf Leistungsdaten zurückgreifen.

Die Frage ist jetzt: Können trotzdem TSS-Werte einzelner Trainingseinheiten bestimmt werden?

Man kann TSS-Werte einzelner Trainingseinheiten auch mit Hilfe der Herzfrequenz oder der gefühlten Anstrengung nach der (modifizierten) Borg-Skala „abschätzen", die Werte weisen allerdings nicht dieselbe Genauigkeit auf, wie die mit Leistungsdaten ermittelten.

Für ein gleichmäßiges Dauertraining können die TSS-Werte aus der folgenden Tabelle gelesen und mit der Zeitdauer multipliziert werden.

Borg (1-10)	HR-Zone	TSS (min)	TSS (h)
1	1	0,35 – 0,50	20 - 30
2	1	0,50 – 0,65	30 - 40
3	1	0,65 – 0,80	40 - 50
4	2	0,80 – 1,00	50 - 60
5	2	1,00 – 1,15	60 - 70
6	3	1,15 – 1,30	70 - 85
7	4	1,30 – 1,65	85 - 100
8	5	1,65 – 1,85	
9	6	1,85 – 2,20	
10	7	> 2,20	

Tab.: geschätzte TSS nach Herzfrequenz/ gefühlter Anstrengung

	Borg	TSS (min) x min	TSS (gesamt)
10 min warm-up	2	0,6 x 10	6
5 min	7	1,5 x 5	7,5
3 min	2	0,6 x 3	1,8
5 min	7	1,5 x 5	7,5
3 min	2	0,6 x 3	1,8
5 min	7	1,5 x 5	7,5
10 min cool down	2	0,5 x 10	5
Summe:			37,1

Das Trainingsbeispiel ergibt somit in Summe einen TSS von 37,1.

Für ein Intervalltraining ist es etwas komplizierter, hier müssen die Belastungs- und Entlastungsphasen einzeln berechnet und anschließend aufsummiert werden.

Ein Trainingsbeispiel für ein Intervalltraining mit 3x5min an der anaeroben Schwelle mit jeweils 3 min aktiver Pause soll dies verdeutlichen:

TSS und HIIT

Bei der Stressbewertung von hochintensivem Intervalltraining (HIIT) kommt der TSS an seine Grenzen.

Um dieses Limit zu verstehen, müssen wir uns die Basis der TSS Kalkulation ansehen.

Der TSS errechnet seinen Wert auf Grundlage der FTP, also der maximalen Leistung, die der Athlet über eine Stunde erbringen kann. Demgegenüber hängt hochintensives Intervalltraining von der maximalen Leistungsabgabe über einen sehr kurzen Zeitraum ab. Und die kurzzeitige Leistungsfähigkeit ist nicht unmittelbar von der Stundenleistung abhängig. Die wesentlich wichtigeren Parameter für die kurzfristige Leistungsabgabe sind Muskelfaserzusammensetzung, Kraft, anaerobe Glykolyse und neuromuskuläre Koordination. Eine FTP abhängige Metric zur Bewertung hochintensiven Trainings zu verwenden, untergräbt gewissermaßen die Relation zwischen niedrig und hochintensivem Training.

Ein Beispiel aus dem Radsport soll die Problematik verdeutlichen:

Gehen wir von der Annahme aus, dass wir zwei Fahrer mit einer identischen FTP haben. Fahrer A ist eine „Sprintertyp" mit einer wesentlich höheren maximale Leistungsfähigkeit während kurzer Belastungen. Beide Athleten absolvieren ein hochintensives Intervalltraining mit 8x30 Sekunden maximaler Leistung. Dabei wird Fahrer A eine wesentlich höhere

durchschnittliche Leistung aufbringen können und damit natürlich auch einen höheren TSS-Wert generieren. Und das obwohl Fahrer B in den Belastungsphasen ebenfalls versucht hat, seine maximale Leistung zu erbringen. Man sollte eigentlich davon ausgehen, dass beide Fahrer dem selben Stress ausgesetzt sind, schließlich haben sie beide ihr individuell maximal Mögliches gegeben.

Schauen wir uns das Ganze von der anderen Seite an: Um für Fahrer A denselben (rechnerischen) TSS-Wert zu generieren, muss er seine Intervalle mit denselben absoluten Leistungswerten durchführen wie Fahrer B. Gemessen an seinem Leistungsvermögen absolviert er sie aber natürlich nicht mehr mit maximaler Intensität. Wir haben also denselben errechneten TSS-Wert, der Stress auf den Organismus wird von den Athleten wohl trotzdem unterschiedlich wahrgenommen und verarbeitet werden!

Der beschriebene Umstand sollte bei der Betrachtung des TSS berücksichtigt werden:

- Da kurzzeitige Leistungsabgabe und FTP nicht unmittelbar voneinander abhängig sind, sollte die FTP nicht als Basis für die Leistungsvorgabe oder Berechnung des TSS bei hochintensiven (kurzzeit-) Intervallen verwendet werden.

- Für den Athleten ist es hilfreich, wenn er seinen „Typ" kennt und bei überdurchschnittlich hoher oder niedriger relativen Kurzzeitleistungsfähigkeit seinen TSS-Wert entsprechend nach oben oder unten korrigieren kann.

Für das hochintensive Intervalltraining ist der beabsichtigte Stress auf den Körper entscheidend, nicht der absolute TSS-Wert!

TSS ist ein hervorragender Parameter um die Trainingsbelastung zu bewerten, hat aber auch seine Limiten. Mit dem Verständnis um diese Einschränkung kann man trotzdem das volle Potenzial dieses Parameters für seine Bedürfnisse nutzen!

Akute Trainingsbelastung (ATL)

Die akute Trainingsbelastung ist ein Maß dafür, welcher Belastung sich der Athlet in den letzten Tagen ausgesetzt hat, normalerweise nutzt man dafür den sogenannten exponentiell gewichteten gleitenden Durchschnitt der täglichen TSS-Werte der letzten sieben Tage. Das bedeutet, dass die Trainingsbelastung der letzten zwei Wochen abgebildet wird und dabei die näher zurückliegenden Tage stärker berücksichtigt werden.

Chronische Trainingsbelastung (CTL)

Ähnlich der akuten Trainingsbelastung verhält es sich mit der chronischen. Der Zeitraum, der hier normalerweise bei der Berechnung berücksichtigt wird sind 42 Tage, so dass letztendlich die Trainingsbelastung der letzten drei Monate in die gewichtete Bewertung einfließt.

Softwareprogramme, die TSS, ACL und CTL in der Trainingsplanung unterstützen, bestimmen die jeweiligen Werte automatisch.

Mit den drei dargestellten Analyseparametern TSS, ATL und CTL können wir die Leistungsfähigkeit des Athleten steuern und eine optimale Wettkampfform entwickeln. Wie das in der Praxis aussieht sehen wir im weiteren Verlauf dieses Kapitels.

Leistungspotenzial, Ermüdung und Form

Leistungspotenzial und Ermüdung

Bei der chronischen Trainingsbelastung handelt es sich um einen kumulierten Effekt über einen längeren Zeitraum. Es gilt ein Maß dafür zu finden, bei dem der Athlet über einen längeren Zeitraum einer möglichst hohen Trainingsbelastung ausgesetzt ist, ohne damit gleichzeitig überlastet zu werden. Profisportler mit langjährigem Leistungstraining „vertragen" dabei natürlich deutlich höhere Werte als Trainingsanfänger. Die Steigerungsraten von Jahr zu Jahr sollten maximal fünf bis zehn Prozent betragen.

Im Gegensatz zur CTL wird die ATL über einen kürzeren Zeitraum kumuliert, hier können auch auf niedrigerem Leistungsniveau deutlich höhere Werte toleriert werden. Zumindest über einen kurzen Zeitraum! Einer hohen ATL sollte dann aber immer eine Regenerationsphase angefügt werden, um den Athleten langfristig nicht zu überlasten. Denn liegt die ATL zu lange über der CTL so

besteht immer die Gefahr von Überlastung und Übertraining.

Phasen mit hoher ATL bauen langfristig die CTL auf und erhöhen das generelle Leistungspotenzial. Sie verursachen aber auch kurzfristig eine starke Ermüdung. Vereinfacht ausgedrückt kann man sagen: die CTL ist ein Maß für das Leistungspotenzial des Athleten, die ATL ein Maß für die momentane Ermüdung -oder positiv ausgedrückt: Frische- des Athleten.

Die Kunst der Trainingssteuerung besteht nun darin, die beiden Komponenten in einen optimalen Einklang zu bringen: einerseits um den Athleten langfristig in seiner Leistungsfähigkeit immer weiter zu entwickeln, andererseits ihn aber auch nicht zu überlasten und ihn am Wettkampftag in optimaler Form an den Start zu bringen.

Um die Form des Athleten zu steuern, können wir uns eines weiteren Parameters bedienen, der so genannten Training-Stress-Balance (TSB).

Training-Stress-Balance (TSB)

Um die Leistungsfähigkeit zum Wettkampf hin zu entwickeln, also in optimaler „Form" am Wettkampftag am Start zu stehen, nutzen wir sowohl die akute als auch die chronische Trainingsbelastung zur Bewertung der Form. Indem wir die beiden Parameter zueinander in Beziehung setzen, können wir den momentanen Trainingsstress und die damit verbundene Ermüdung/Frische bestimmen. Dies machen wir mit der Training-Stress-Balance (TSB).

Die TSB ist die Bilanz der Trainingsbelastung, wir subtrahieren einfach den Wert der akuten Trainingsbelastung von dem der chronischen.

$$TSB = CTL - ATL$$

So sehen wir, ob der Athlet in letzter Zeit, im Vergleich zu seiner längerfristigen Trainingsbelastung, einem größeren oder geringeren Stresslevel ausgesetzt ist. Damit ist der TSB-Wert ein Indikator dafür, wie momentan die Voraussetzungen dafür gegeben sind, dass das volle Leistungspotenzial des Athleten auch abgerufen werden kann.

Steuerung der Form

Die Form des Athleten ergibt sich aus dem ausgewogenen Verhältnis von Leistungspotenzial und Frische zum gegebenen Zeitpunkt:

$$Form = Leistungspotenzial + Frische$$

Das Leistungspotenzial wird über die CTL über einen längeren Zeitraum entwickelt.

Die TSB zeigt, wie ausgewogen Trainingsbelastung und Regeneration in der jüngsten Vergangenheit ausgefallen sind. Ist die TSB positiv, deutet dies auf eine größere Frische hin, ist sie negativ, deutet es auf Ermüdung hin.

So können wir die Form über die akute und chronische Trainingsbelastung zum Wettkampf steuern und entwickeln. Die Kunst besteht darin, die Kombination von CTL und TSB zu finden, bei der dann am Wettkampftag die maximale Leistung abgerufen werden kann. Da die CTL über einen längeren Zeitraum aufgebaut wird, wird die TSB vor allem über akute Trainingsmaßnahmen und die daraus resultierende ATL gesteuert. Die Frage ist lediglich die, wie der optimale Wert für die TSB ausfallen sollte!

Laut Allen und Coggan, die bei ihren Untersuchungen auf Daten von rund 200 Athleten zugriff hatten, liegt der optimale Wert der TSB zwischen -5 und +15. Das bedeutet, dass die meisten Athleten sehr gute Wettkampfergebnisse ablieferten, wenn die TSB leicht bis mittelmäßig positiv ausfiel. Dabei war zusätzlich eine Tendenz dahingehend erkennbar, dass die Athleten bei kürzerer Wettkampfdauer von deutlich positiveren Werten profitierten. Dies führen sie darauf zurück, dass die deutlich höheren neuromuskulären und anaeroben Leistungsanforderungen bei den kürzeren Wettkampfstrecken durch einen ausgeruhteren Zustand begünstigt werden. Im Gegensatz dazu tendiert die TSB auf den Wettkampfstrecken mit deutlich längerer Belastungszeit und verstärkten aeroben Leistungsanforderungen zur Mitte hin. Hier nimmt die Bedeutung des Leistungspotenzials gegenüber der Frische deutlich zu!

PMC Kurve

Ein hervorragendes Hilfsmittel für die Visualisierung und Steuerung der Trainingsbelastung ist die Darstellung von CTL, ATL und TSB in einem Kurvendiagramm (*PMC-Kurve: Performance-Manager-Chart-Kurve*).

Im Diagramm kann man zusätzlich die Entwicklung wettkampfrelevanter Testergebnisse erfassen, so dass man die Beziehung leistungsrelevanter Parameter -wie zum Beispiel die Höhe der FTP- zu TSB-Werten hat. Die Korrelation dieser Werte lässt Rückschlüsse über die notwendige Höhe der TSB zu, um damit auch ein herausragendes Wettkampfergebnis erzielen zu können.

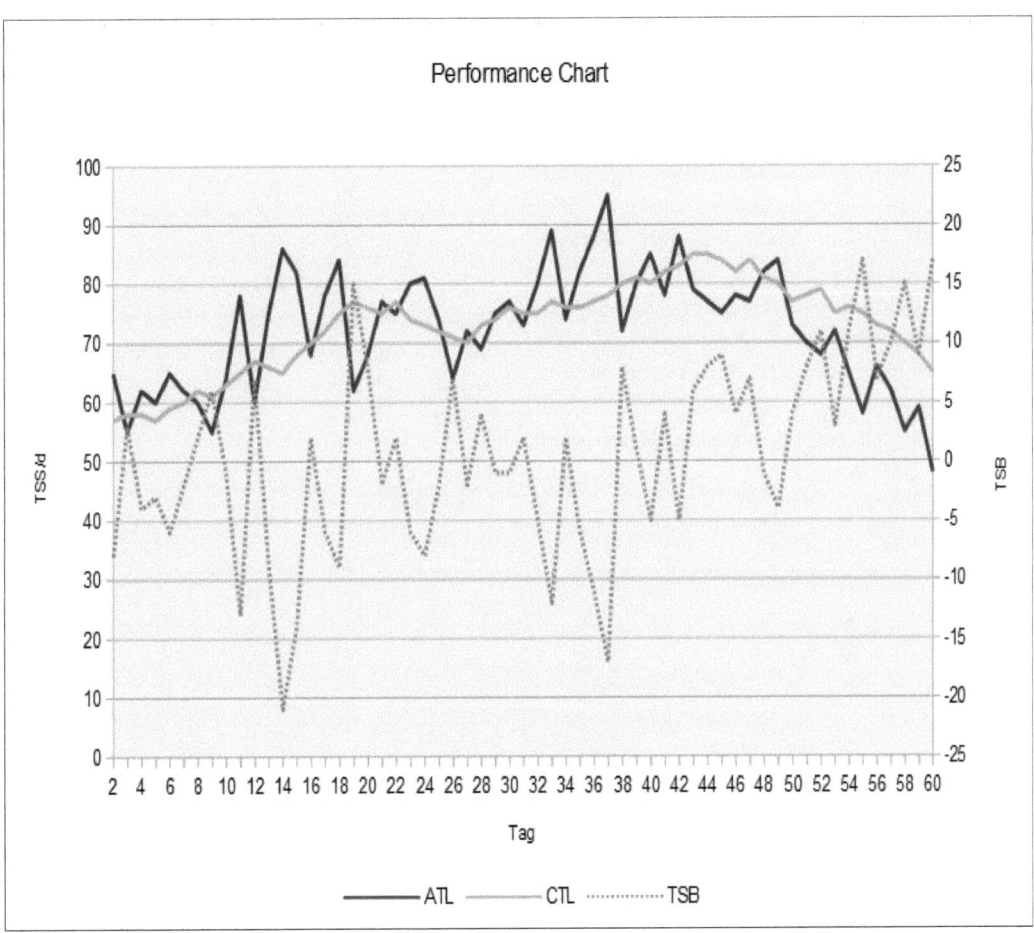

Abb.: PMC Kurve

Körpergefühl!

Machen Sie sich nicht zum Sklaven ihrer Trainingsdaten. Das Training kann heutzutage mithilfe zahlreicher Erfassungs- und Analysetools sehr effektiv, genau und individuell geplant und gesteuert werden. Dennoch kann es nie den gesamten Status eines Athleten abbilden! Die in diesem Kapitel angesprochenen Parameter erfassen lediglich die athletischen und konditionellen Komponenten eines Sportlers. Natürlich bringt auch der Alltag -z.B. berufliche oder familiäre Belastungen- Stress mit sich, der sich auch auf Leistungsfähigkeit und Regeneration des Athleten auswirken.

Mangelnde Schlafqualität, Appetitlosigkeit, Mattigkeit und generelle Motivationsprobleme sind Anzeichen dafür, dass etwas mit der persönlichen Stress-Balance aus dem Ruder gelaufen ist! Auch wenn die Trainingsdaten andere Interpretationen suggerieren: manchmal ist es doch besser einfach mal ein Training lockerer als geplant durchzuführen, oder auch mal ganz ausfallen zu lassen!

Vertrauen Sie auch auf das eigene Körpergefühl!

Trainingsplanung über TSS

Im vorherigen Kapitel haben wir gesehen, wie sich Trainingsumfang und -intensität in der Trainingsbelastung auswirken. Über den TSS haben wir die Möglichkeit das Training über die gesamte Saison zu planen und zu steuern.

Grundlage einer individuellen Trainingsplanung sind einerseits das spezifische Anforderungsprofil, das sich durch die Sportart ergibt und andererseits Anpassungsprozesse, die sich nach Trainingsbelastungen im Organismus abspielen. Erkenntnisse, die sich aus dem Trainingsprozess, sowie der Trainings-, Wettkampf- und Leistungsanalysen ergeben, fließen immer in die Planung ein und können dazu führen, dass regulierend in das Training eingegriffen wird.

Der Ablauf der Trainingsplanung im Rahmen der Jahresperiodisierung gestaltet sich nach einem einheitlichen Schema: Zunächst werden, unter Beachtung des momentanen individuellen Leistungsstandes, *Trainings- und Leistungsziele* definiert. Anschließend erfolgt die Festlegung der zeitlichen *Trainingsstruktur* mitsamt der Trainingsschwerpunkte in Abhängigkeit von Wettkampfterminen. Das geschieht unter dem Trainingsprinzip der *Zyklisierung* in Makro-, Meso- und Mikrozyklen.

Ein Darstellung über den systematischen Ablauf und Einflussgrößen der Trainingsplanung findet sich in der Abbildung auf der nächsten Seite.

Die Struktur lehnt sich an einen oder mehrere Hauptwettkämpfe an. Zu deren Termin sollte die bestmögliche Leistung des Athleten abrufbar sein.

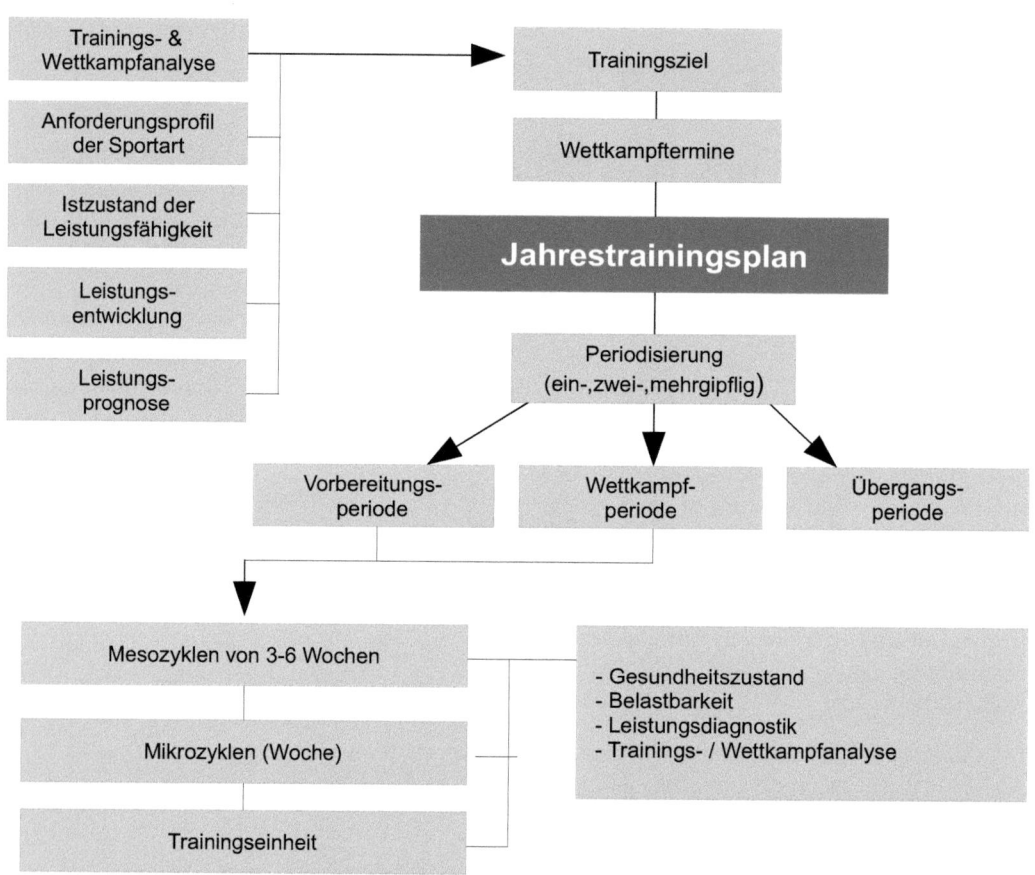

Abb: Ablauf Jahrestrainingsplan (nach Hottenrott & Neumann, 2010)

Der Jahresplan

Heutzutage gibt es zahlreiche Periodisierungsmodelle und Ansätze im Rahmen der strukturierten Trainingsplanung. Gemeinsam haben sie zur Zielsetzung, dass sie den Sportler dabei unterstützen sollen, dass er seine Leistungsfähigkeit optimal entwickeln kann und am Tag des wichtigsten Wettkampfs die bestmögliche Leistung abrufen kann.

Eine strukturierte Planerstellung resultiert vor allem daraus, dass der menschliche Organismus in seiner Leistungsentwicklung unterschiedlichen Gesetzmäßigkeiten unterworfen ist und sich ein Athlet nicht immer in absoluter Höchstform präsentieren kann.

Oft wird noch mit dem klassischen Periodisierungsmodell von Matwejew gearbeitet, der bereits 1965 ein erstes Konzept der *„Periodisierung des sportlichen Trainings"*

vorgestellt hat. Doch das Modell ist heutzutage nicht ganz unumstritten und so wurden im Laufe der Zeit Planung und Periodisierung -auch im Rahmen zunehmender Professionalisierung im Sport- immer mehr zum Thema sportwissenschaftlicher Forschung. Mittlerweile gibt es zahlreiche Modelle und Ansätze. In den letzten Jahren ist zum Beispiel die Trainingsgestaltung nach dem Prinzip der *Blockperiodisierung* ein viel diskutiertes und beachtetes Modell geworden. Gerade im Hochleistungssport scheint es sich mehr und mehr durchzusetzen und viele Vorteile zu bieten.

Aber egal für welches Periodisierungsmodell sich Trainer und Athleten entscheiden, die grundlegenden Planungsschritte laufen nach dem selben Schema ab.

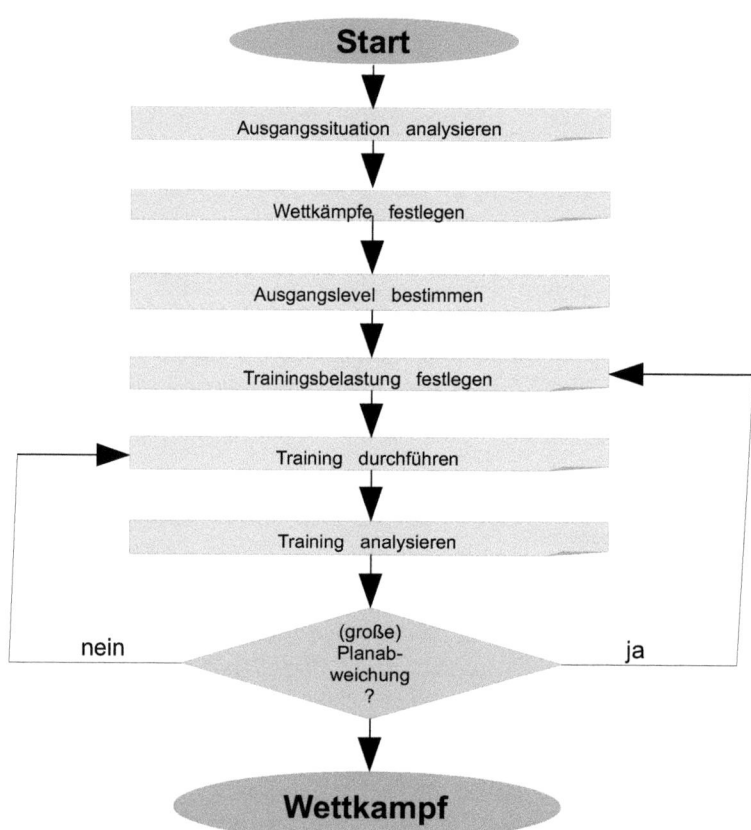

Abb: Schematischer Ablauf Trainingsplanung

Wöchentliche Trainingsbelastung

Wie geht man bei der Planung der wöchentlichen Trainingsbelastung konkret vor? Wie hoch kann/sollte/darf sie ausfallen? Das ist natürlich höchst individuell und hängt von der bisherigen Trainingsbelastung, dem Fitnesslevel und der individuellen Situation jedes einzelnen ab. Profi-Radsportler oder -Triathleten erreichen wöchentliche TSS-Werte jenseits der 1000, ambitionierte Sportler bewegen sich oft zwischen akkumulierten Werten von 500 bis 800.

Natürlich ist der Wert auch vom angestrebten Wettkampfziel abhängig. Ein ambitionierter Hobby-Triathlet, der sich auf eine Ironman Distanz vorbereitet, muss natürlich auch mit einer höheren Belastung trainieren und zurechtkommen als ein Sportler, der lediglich einen 10 Kilometer Lauf bestehen möchte. Ansätze für notwendige Trainingsbelastungen finden sich im Internet. Alan Couzens gibt beispielsweise für Triathleten die in der nachfolgenden Tabelle dargestellten Richtwerte vor, die allerdings für (sehr) ambitionierte Athleten gelten und auf niedrigerem Leistungsniveau nicht unreflektiert übernommen werden sollten.

Disziplin	Jährliche Trainings-stunden	⌀ wöchentl. Trainings-stunden	⌀ wöchentl. TSS	angestrebte CTL
Ironman	600 - 1200	15 - 30	850 - 1700	95 - 195
Halb Ironman	500 - 700	13 - 18	700 - 1000	80 - 115
Olymp. Triathlon	400 - 600	10 - 15	550 - 850	65 - 100
Sprintdistanz	300 - 500	7 - 12	400 - 700	50 - 80
Jugendliche	200 - 350	5 - 8	275 - 500	30 - 60

Tab.: Richtwerte für die Trainingsbelastung nach Triathlondisziplin (nach Couzens)

Auf der Internet-Trainings-Plattform TrainingPeaks (www.Trainingpeaks.com) finden sich für Radsportler weitere Richtwerte, die nach fortgeschrittene/ambitionierte und Neulinge/weniger erfahrene Athleten unterscheiden. Auch hier sollten die Werte zur groben Orientierung dienen und den eigenen Bedürfnissen angepasst werden.

Renndauer	jährlicher TSS	⊘ wöchentl. TSS	angestrebte CTL
> 8 Stunden	27.000 – 45.000	675 - 1125	78 - 131
3 – 8 Stunden	22.000 – 39.000	540 - 990	63 - 115
< 3 Stunden	18.000 – 36.000	450 - 900	52 - 105

Tab.: Richtwerte für die Trainingsbelastung für erfahrene Radsportler (nach TraingPeaks)

Renndauer	jährlicher TSS	⊘ wöchentl. TSS	angestrebte CTL
> 8 Stunden	18.000 – 25.000	450 - 630	52 - 73
3 – 8 Stunden	11.000 – 18.000	270 - 450	31 - 52
< 3 Stunden	7.000 – 15.000	180 - 360	21 - 42

Tab.: Richtwerte für die Trainingsbelastung für weniger erfahrene Radsportler (nach TraingPeaks)

Gerade wenn man neu in die Trainingsplanung mit TSS einsteigt, ist es natürlich schwierig, passende Werte zu bestimmen und vorzugeben. Da vor allem die chronische Trainingsbelastung auf Daten basiert, die über einen längeren Zeitraum gesammelt werden, ist zu Beginn kein Wert vorhanden, auf dem sich das neue Trainingsjahr präzise planen lässt.

Wie kann man sich behelfen?

In dem Fall muss das Trainingsmodell mit (geschätzten) Ausgangswerten für CTL und ATL neu aufgesetzt werden. Hier hilft der Blick auf eine typische Trainingswoche aus der vergangenen Saison. Schauen sie sich die typische Intensitätsverteilung und durchschnittliche Wochentrainingsstunden an und errechnen sie daraus einen Basiswert für CTL und ATL. Meist bewegt sich der durchschnittliche wöchentliche Intensitätsfaktor in einem Bereich von 0,7 bis 0,85, je nach Trainingsphase und Anteil an intensiven Trainingsinhalten, so dass man auf einen durchschnittlichen stündlichen TSS-Wert von 50-75 kommt. Bei einem wöchentlichen Trainingsaufwand von 8-10 Stunden nimmt man diesen geschätzten Wert als Basis für CTL und ATL, bei der TSB geht man von 0 aus. Ist der Umfang einer Trainingswoche deutlich höher oder niedriger, so werden die Ausgangswerte entsprechend angepasst. Bei 15 Wochentrainingsstunden multipliziert man

zum Beispiel den Ausgangswert mit 1,5. So ergibt sich zunächst eine Basis für die Trainingsplanung. Im Laufe der Zeit kristallisiert sich ein konkreter Wert für die CTL heraus, eventuell kann man in der Übergangzeit noch Anpassungen am Modell vornehmen. Selbstverständlich müssen die Werte für CTL, ATL und TSB in der Anfangsphase vorsichtig interpretiert werden, bis eine ausreichende Datenbasis vorhanden ist. Die Genauigkeit der Daten steigt erst im Laufe der Zeit!

Trainingsprogression

Um sich optimal auf den wichtigsten Wettkampf des Jahres vorzubereiten, steigt die Trainingsbelastung kontinuierlich an. Um Überlastungen und Übertraining zu vermeiden, sollten die Steigungsraten von Woche zu Woche nicht zu groß ausfallen und in regelmäßigen Abständen Regenerationswochen mit niedrigerer Belastung eingeplant werden.

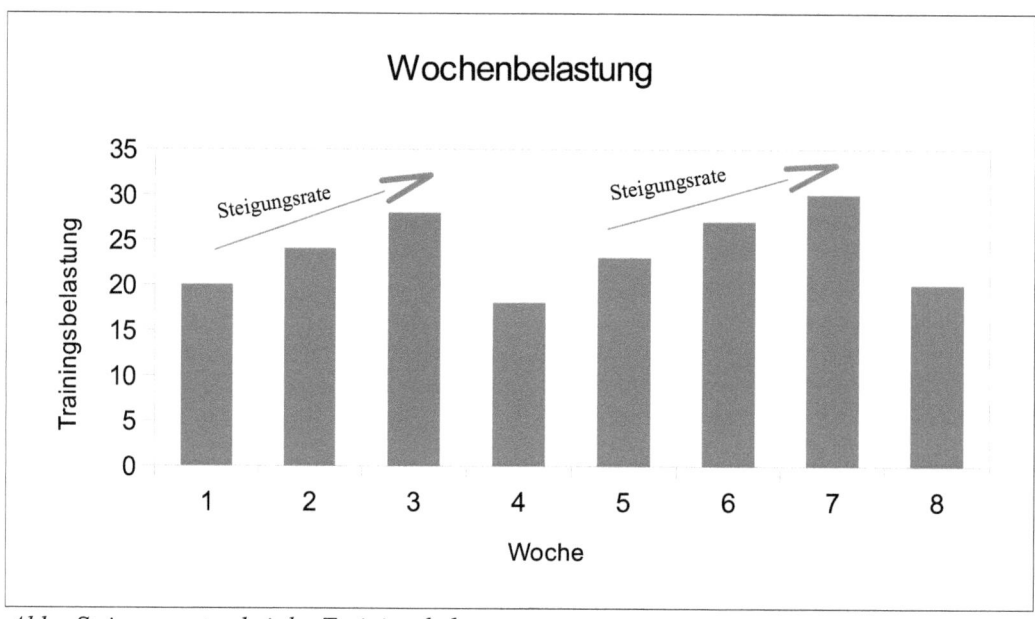

Abb.: Steigungsraten bei der Trainingsbelastung

Wie hoch können die Steigungsraten ausfallen? Auch das ist natürlich individuell unterschiedlich und auch stark von den Stressfaktoren außerhalb des Sports abhängig. In den Taperphasen unmittelbar vor wichtigen Wettkämpfen arbeitet man mit negativen Steigungsraten um erholt und frisch in den Wettkampf zu starten. In Trainingslagern steigert man deutlich mehr als im Rest des Jahres. Hier sind normalerweise auch weniger externe Stressfaktoren vorhanden. Der Athlet kann sich voll und ganz auf das Training konzentrieren, so dass höhere Steigungsraten toleriert werden können. Allerdings sollte nach einem Trainingslager auch dringend eine Regenerationsphase eingeplant werden, um Überlastungen und Übertraining vorzubeugen! Als Anhaltswerte für Steigungsraten kann die nachfolgende Grafik herangezogen werden.

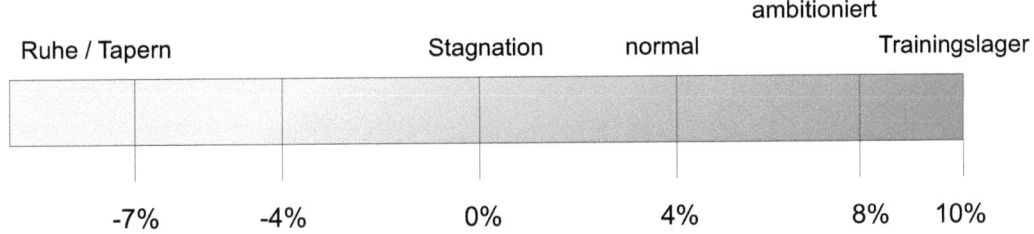

Abb.: empfehlenswerte Steigungsraten der wöchentlichen Trainingsbelastung

Tapering

Das konkrete Tapering -also die Steuerung der Form hin zum Wettkampf- umfasst neben der Beachtung der TSB auch die Entwicklung der chronischen Trainingsbelastung hin zum Saisonhöhepunkt. Wobei die Entwicklung der CTL natürlich den Wert der TSB maßgeblich beeinflusst!

Für das Tapering zum Wettkampf wird die Trainingsbelastung deutlich reduziert. Je nach Wettkampflänge und -bedeutung umfasst dies meist einen Zeitraum von einer bis zwei Wochen.

Beim Tapering geht man normalerweise so vor, dass Trainingshäufigkeit und -intensität mehr oder weniger beibehalten werden, die Dauer der Belastungen aber zurückgenommen werden. So reduziert man vor allem die akute Trainingsbelastung. Damit erhöht sich natürlich auch der Wert des TSB: Die

Frische nimmt zu! Da der ATL natürlich auch Einfluss auf die chronische Trainingsbelastung hat, nimmt der Wert für die CTL etwas ab, die Steigungsrate wird negativ, das Leistungspotenzial sinkt. Im Gegenzug wird die Leistungsfähigkeit durch die erhöhte Frische aber positiv beeinflusst!

Die Frage ist nun natürlich, wie weit der CTL absinken darf um das Leistungspotenzial nicht zu stark zu beeinflussen! Dann nützt auch die größte Frische am Wettkampftag nichts mehr, der Athlet kann sein maximales Leistungsvermögen nicht abrufen!

Also was ist eine optimaler Wert für das Absinken der CTL?

Kommt drauf an!

Vor allem auf die Wettkampfdauer! Aber auch jeder Athlet reagiert individuell auf Belastungsänderungen, der eine braucht mehr Frische, der andere verträgt auch größere Belastungen zum Wettkampf hin!

Jim Vance gibt als Faustregel für Läufer auf der Marathondistanz an, dass der CTL über den Taperingzeitraum keinesfalls um mehr als 10 Prozent fallen sollte, bei Wettkämpfern auf der 5 oder 10 Kilometerdistanz sollte er unter 5 Prozent ausfallen. Man erkennt eine Tendenz in Abhängigkeit von der Wettkampfdauer, die sich auch auf andere Sportarten wie Radsport oder Triathlon gut anwenden lässt.

Letztendlich muss aber jeder Athlet für sich eine optimale Strategie finden. Es bietet sich an, dass man bei weniger wichtigen Wettkämpfen versucht, die optimalen Werte für CTL und TSB auszutesten um mit den gewonnen Erfahrung im Laufe der Zeit die optimale Strategie für die wichtigen Wettkämpfe zu finden!

Anhang

Trainings-Software

Nachfolgend ein Überblick über die momentan am Markt gängigen und meist verwendeten Software Programme zur Trainingssteuerung.

Bereda Training

Kostenpflichtige Trainingssoftware, die Trainingsplanung und -analyse über TSS und TSB bietet, übersichtliche Darstellung, sehr umfangreich.

www.beredatraining.com

Golden Cheetah

Freeware Trainingssoftware, die umfangreiche Möglichkeiten der Trainingsplanung und -analyse liefert.

www.goldencheetah.org

Strava

In der Premium-Variante liefert das Tool die Auswertung der gängigen Stressvariablen, entwickelt für den Radsport.

www.strava.com

TrainingPeaks

Marktführer aus den USA, bietet eine Free-Version und eine Bezahl-Version, die alle Funktionen zur Trainingssteuerung bietet und sehr übersichtlich daherkommt. Nicht umsonst DER Standard unter der Trainingssoftware.

www.trainingpeaks.com

Virtugo

Virtugo ist für den Radsport entwickelt worden und bietet kostenlose interaktive Trainings-fahrten. Darüber hinaus können kostenpflichtige Trainingseinheiten freigeschalten werden, eigene Trainingseinheiten hochgeladen werden und Trainingspläne gereneriert werden. Das System unterstützt leistungsgesteuertes Training, TSS und TSB.

www.virtugo.com

Xert

dynamische Berechnung der Leistungsfähigkeit, auch ein automatischer Trainingsplaner ist verfügbar.

www.xertonline.com

Literatur & Internet

Literatur

Allen, Hunter; Coggan, Abdrew: Training and Racing with a Power Meter. VeloPress Verlag; Boulder Colorado, USA 2010

Anderten/Pels/Raven/Kleinert: Bedeutung der Befindlichkeit zur Regenerationssteuerung. In: Leistungssport 5/2014. phillipka- Sportverlag; Münster 2014

Arndt, Klaus: Leistungssteigerung durch Aminosäuren; 8. Auflage. Novagenics Verlag; Arnsberg 1999

Arndt, Klaus; Albers, Torsten: Handbuch Protein und Aminosäuren; 2.Auflage. Novagenics Verlag; Arnsberg 2004

Bernsetin/Borcovec: Entspannungstraining.Klett-Cotta-Verlag; Stuttgart 2007

Biesalski, Hans Konrad; Grimm, Peter: Taschenatlas Ernährung; 3. Auflage. Thieme Verlag; Stuttgart 2004

Bös, Klaus: Handbuch motorische Tests. Hogrefe Verlag; Göttingen 2001

Bogdanski, Jennifer: Treibstoff für den Athleten. In leichtathletik training 9/2005; philippka Sportverlag; Münster 2005

Bosquet, L., Leger, L, Legros, P.: Methods to determine aerobic endurance. Sports Med 32: 675-700. 2002

Bossmann, Thomas: Ermüdung – Erkenntnisse und Schlußfolgerungen. In: Leistungssport 5/2014. phillipka- Sportverlag; Münster 2012

Bossmann, Thomas: Übertrainingsforschung – ein problemorientierter Rück- und Ausblick. In: Leistungssport 6/2012. phillipka- Sportverlag; Münster 2012

Coyle, E.F.: Integration of the physiological factors determining endurance performance ability. Exercise and Sport Science Reviews 23. 1995

Degner, Philipp: Mehr Power. In: Rennrad 7/2018; BVA Bike Media AG, 2018

Eilers/Wetjen: Der schmale Grat. In: Triathlon 8/2018. spomedis-verlag, Hamburg 2018

Faude, Oliver / Meyer Tim: Regeneration im Leistungssport. In: Leistungssport 3/2012. phillipka- Sportverlag; Münster 2012

Freese, Jens: Medizinische Fitness; Deutscher Trainer Verlag; Köln 2006

Freiwald, Jürgen: Optimales Dehnen; spitta Verlag; Balingen 2009

Freiwald/Engelhardt/Konrad/Jäger/Gnewuch: Dehnen. In: Manuelle Medizin. Springer Verlag; Berlin 1999

Friedrich, Wolfgang: Optimale Regeneration im Sport; spitta Verlag, Balingen 2011

Friel, Joe: Praxishandbuch Wattmessung; spomedis-verlag, Hamburg 2013

Froböse, Ingo: Leistung messen und steigern. GU-Verlag, München 2018

Fröhlich/Müller/Schmidtbleicher/Emrich: Outcome-Effekte verschiedener Periodisierungsmodelle im Krafttraining. In: Deutsche Zeitschrift für Sportmedizin 10/2009

Fröhlich/Schmidtbleicher/Emrich: Belastungssteuerung im Muskelaufbautraining. In: Deutsche Zeitschrift für Sportmedizin 3/2002

Gambetta, Vern: Athletic Developement; Human Kinetics; Champaign, USA 2007

Grosser, Brüggemann, Zintl: Leistungssteuerung, BLV-Verlag, München 1986

Güllich, Dr. Arne: Sport. Das Lehrbuch für das Sportstudium. Springer Verlag; Berlin 2013

Haber: Leitfaden zur medizinischen Trainingsberatung. Springer Verlag; Wien 2001

Hamm, Michael; Geiß, Kurt-Reiner: Handbuch Sporternährung. Rowohlt Verlag; Reinbek 1996

Hamm, Michael; Scholz Andreas: Musclefood. midena Verlag; München 2002

Hemm, Frank: Zusammenhänge zwischen Nahrungsaufnahme und Befindlichkeit im Langzeitausdauer-Wettkampf. dissertationen.de 2005

Hottenrott: Herzfrequenzvariabilität im Sport. Feldhaus-Verlag; Hamburg 2002

Hottenrott, K & Gronwald T.: Bedeutung der Herzfrequenzvariabilität für die Regenerations-steuerung. In: Leistungssport 5/2014. phillipka- Sportverlag; Münster 2014

Hottenrott, K & Neumann, G.: Trainingswissenschaft. Meyer & Meyer Verlag; Aachen 2010

Issurin, Vladimir: Block Periodization. UAC Verlag; Michigan, USA 2008

Issurin, Vladimir; Lustig, Gilad: Zusammenstellung von Trainingseinheiten gemäß dem Konzept der Blockperiodisierung. In: Leistungssport 3/2007. phillipka- Sportverlag; Münster 2007

Krüger, Arnd: Übertraining – Was ist das?. In: Leistungssport 5/2014. phillipka- Sportverlag; Münster 2014

Lukas, Christoph: Faszienbehandlung mit der Blackroll. BoD-Verlag; Norderstedt 2012

Marees, Horst de: Sportphysiologie.Sportverlag Strauß, Nochum 2003

Marquart: Die Laufbibel; spomedis Verlag, Hamburg 2012

McGuigan, Mike: Monitoring Training and Performance in Athletes. Human Kinetics Verlag, Champaign, IL 2017

Mosburger, Kurt: Der Energieumsatz. Innsbruck 2008

Mosburger, Kurt: Die muskuläre Energiebereitstellung im Sport. Innsbruck 2009

Möller, Thomas: Leistung & Training im Triathlon. Schriftenreihe für angewandte Trainingswissenschaft (IAT). Leipzig 2015

Neuman, Georg: Physiologische Grundlagen von Spitzenleistungen. 26. Internationales Triathlon Symposium Niedernberg. Feldhaus-Verlag, Hamburg 2012

Neumann, Pfützner, Berbalk: Optimiertes Ausdauertraining; Meyer & Meyer Verlag; Aachen 2007

Noaks,T.D.: Physiological Models to understand exercise fatigue and the adaptions that predict or enhance athletic performance. Scandinavian Journal of Medicine and Science in Sports, 10(3) / 2000

Opoku-Afari, Clifford; Worm, Nicolai, Lemberger, Heike: Mehr vom Sport! Systemed Verlag; Lünen 2009

Platonov, Vladimir: Belastung-Ermüdung-Leistung; philippka Sportverlag; Münster 1999

Price, Justin; Sharp Frances: Functional Training Illustrated; Alpha Books; New York, USA 2009

Regeneration spezial. In: tour 8/2012; Redaktion tour, München 2012

Ribbecke, Thorsten: Regenerationsstrategien; Richard Pflaum Verlag, München 2018

Rohde, Konstantin: Unterwegs im Pixe-Parcours . In: tour 11/2018; Redaktion tour, München 2012

Schek, Alexandra: Top-Leistung im Sport durch bedürfnisgerechte Ernährung. philippka Sportverlag; Münster 2002

Schmidt, Lisa: Füße hoch! In: triathlon 7/2011; Spomedis-Verlag, Hamburg 2011

Schnabel/Harre/Krug/Borde: Trainingswissenschaft: Leistung-Training-Wettkampf. Sportverlag, Berlin 2003

Schneider, Franz J: Schlaf – der ruhige Weg zum sportlichen Erfolg. In: Leistungssport 5/2014. phillipka- Sportverlag; Münster 2014

Vance, Jim: Wattmessung für Läufer. Spomedis-Verlag; Hamburg 2016

Van Dijk/Van Megen: Das Geheimnis des Laufens. Meyer&Meyer Verlag, Aachen 2017

Valk, Raymond: Gezielte Regeneration als Leistungsförderer. In: Leistungssport 3/2012. phillipka- Sportverlag; Münster 2012

Vogt/Brügger/Schütz/Wehrlin/Umberg/Aeschlimann/Matter/Bürgi: Physiologische Trainingsintensitätszonen. Fachgruppe Ausdauer Swiss Olympic; Maggingen Schweiz 2005

Weineck, J: Optimales Training. Spitta-Verlag, Balingen 2010

Tschiene, Peter: Ermüdung und Wiederherstellung bei anstrengender Muskelarbeit. In: Leistungssport 5/2014. phillipka- Sportverlag; Münster 2014

Zintl/Eisenhut: Ausdauertraining. BLV-Verlag; München 2005Allen H. Coggan A, Wattmessung. Spomedis Verlag, Hamburg 2012

Internet

http://www.dissertationen.de

http://www.leistungssport.net

http://www.sponet.de

http://www.sportsandscience.de/

http://www.sfsn.ethz.ch

http://www.staps-online.com

http://www.triathlon-szene.de

https://www.trainingpeaks.com/blog/understanding-the-limitations-of-tss-and-if-during-hiit-training/

http://www.youtube.de/channel/Triathlon Crew Cologne

http://www.zeitschrift-sportmedizin.de